新常态下
家园共育的探索
——"三三一"模式的构建

王淑青·主编

天津社会科学院出版社

图书在版编目（ＣＩＰ）数据

新常态下家园共育的探索 ："三三一"模式的构建 ／
王淑青主编. -- 天津 ： 天津社会科学院出版社，
2020.12
ISBN 978-7-5563-0701-2

Ⅰ．①新… Ⅱ．①王… Ⅲ．①学前教育－家庭教育
Ⅳ．①G781

中国版本图书馆 CIP 数据核字(2020)第 253247 号

新常态下家园共育的探索："三三一"模式的构建
XINCHANGTAI XIA JIAYUAN GONGYU DE TANSUO:
"SAN SAN YI" MOSHI DE GOUJIAN

出版发行：天津社会科学院出版社
地　　址：天津市南开区迎水道 7 号
邮　　编：300191
电话/传真：（022）23360165（总编室）
　　　　　（022）23075303（发行科）
网　　址：www.tass-tj.org.cn
印　　刷：英格拉姆印刷(固安)有限公司

开　　本：787×1092　毫米　　1/16
印　　张：13.5
字　　数：220 千字
版　　次：2020 年 12 月第 1 版　2020 年 12 月第 1 次印刷
定　　价：68.00 元

版权所有　翻印必究

序

　　惟其艰难，才更显勇毅；惟其笃行，才弥足珍贵。万事开头难。天津市宸宜幼儿园经历了曲折的开园路。原定于2015年9月中旬正式开园，由于消防验收执行新的标准，未能如期交付使用。5个班150多位小朋友怎么办？这支年轻的团队，克服了非专业教师多、刚刚毕业没有经验、没有教学场地、没有设备等困难，靠着一股青春的热情和对幼儿教育的热爱，认真钻研、虚心学习，主动与社区联系，把亲子教育场搬到街道、居委会。每天的亲子公开课，让教师、幼儿和家长建立起浓浓的亲情，使幼儿们小班的学业得以顺利完成。经历近一年的等待，崭新的宸宜幼儿园迎来了高起步的开始。一座美丽的欧式建筑，一整套高科技、环保、现代化的设施，一群焕发着青春活力、积极向上、知难无畏、勇于挑战、善于创新的教师队伍，2016年6月5日宸宜幼儿园正式开园了。

　　现代化的设施，应该体现现代化的教育理念和思想。园所在充分了解周边家长学历层次、家庭背景、经济条件及教养需求的基础上，宸宜幼儿园确立了"释放天性，放飞梦想，让幼儿在游戏中幸福成长"的办园宗旨，将"健康尚礼、正直真诚、亲和严谨、主动智慧"这十六字作为幼儿园的园训，将园标设计为两个自由奔跑的大人和幼儿，表达的寓意是让生活在宸宜的每一个人都快乐、奔放，成为最闪亮的自己！让"自然、自主、和谐，求真、求新、乐观"的园风，催生出"倾注智慧真爱，呵护美丽童心"的教风，营造出"亲近自然、发现美好、感恩生活、主动创造"的学风，力争在开放的理念下，给幼儿一个自主的童年。

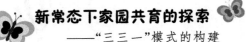

新常态下家园共育的探索
——"三三一"模式的构建

家园共育是幼儿教育的可靠保证,是促进幼儿健康发展的必由之路。在新常态背景下,家园共育中存在着很多的问题。幼儿园以此为契机,展开了以"新常态下家园共育的实践研究"为题的"十三五"中国学前教育课题研究。该课题旨在通过对家长、教师和幼儿园在家园共育中存在的问题及原因进行梳理,结合家园共育面临的新常态的背景,以幼儿、教师和家长为三主体,在实际工作中去构建家园共育亲师幼共同体、探索家园共育新模式、解决家园共育中所面临的各种困境,从而促成家长、教师、幼儿园三方的共同成长及和谐发展,全面提升家园共育的深度和质量,构建和谐教育生态,促进幼儿全面和谐发展。家园共育即幼儿园和家庭都把自己当作促进儿童发展的主体,双方积极主动地相互了解,相互配合,相互支持,通过幼儿园与家庭的双向互动共同促进儿童的身心健康发展。

本书是"新常态下家园共育的实践研究"成果结晶。我们将家园共育界定为家庭和幼儿园互相尊重、互相配合,为幼儿身心健康发展而进行的一种教育实践活动。结合幼儿园对新常态下家园共育现状的主体进行调查,(分为对家长的调查、对教师的调查和对园所管理人员的调查)。通过分析家长、教师、园所管理人员的调查问卷以及访谈,剖析出新常态下家园共育的现状:家园共育内涵的理解不充分、家园共育三主体地位不明晰、家园共育模式不成体系。基于此,幼儿园开始了新常态下家园共育的实践探索:一是构建家园共育新主体——"亲师幼共同体";二是衍生家园共育新模式——"三三一"模式;三是打造家园共育新环境——"良性循环教育生态"。

有研究表明,家庭教育是一个人未来能否立足社会的根本。从人生的教育总量来讲,家庭教育占80%的比重。一个幼儿在进入学校之前,其实他的认知风格、行为习惯、个性特征都已经基本形成了。因此,在进入学校之前的3~6岁,我们试图通过引领教师,影响幼儿,带动家长,并从幼儿的进步,教师的成长、家长的变化中不断发现新的问题,在解决新问题的过程中,相互影响,积极互动,达成共识,引发共鸣,实现共振,使三主体即师、亲、幼彼此互助,相互协调、相融相生,共同成长。从而转变家庭观念,为幼儿今后的成长创设和谐的家庭氛围。

　　教育在于"教心"——让教育活动使教师走心,使幼儿入心,使家长用心。在这个过程中,幼儿园树立了"把幼儿园办成幼儿的乐园、家长的学校的理念",让家长成为称职的第一任教师,通过树立良好的家风让和谐的家庭氛围孕育善良的种子,让家长走进幼儿园,走进幼儿,成为幼儿园真正的合作伙伴。依托国家级课题,建立起"家长义工"制度、"家委会伙委会"制度,通过开展有意义富于特色的活动赢得家长的赞誉。幼儿园的环境来自亲子创意,幼儿园的活动家长主动参与。"不抛弃、不放弃"的信念和"假如我是孩子,假如是我的孩子,我会喜欢这样的教师吗?""你的爱,幼儿感受到了吗?你的真诚、奉献、专业,家长感受到了吗?""将挑剔的家长转化为幼儿园教育的资源!"等自省的箴言成为每一位宸宜人的座右铭。

　　家园共育,宸宜人不断在探索,"三三一"家园共育模式,是我们探索路上的一个重要里程碑。家园共育,我们一直在路上!

　　在本书的编写过程中,教师们分工合作,贡献智慧,其中刘凤晶参与第一章第三节、第二章、第三章、第五章第一节、第六章第一节和第九章的编写;曹凤娜参与第一章第二节、第四章第三节、第五章第三节、第七章第二节和第四节的编写;赵静参与第六章第三节、第六章第四节以及第七章第三节的编写;翟明明参与第一章第一节、第五章第二节、第八章第二节的编写;邵瑞雅参与第五章第五节、第六章第二节和第五节的编写;孙燕参与第五章第四节、第七章第一节的编写。对各位教师们的辛苦付出,在此表示感谢!

王淑青

2020 年 2 月

目　　录

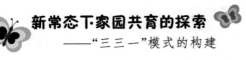

第一章　新常态下家园共育的概述

第一节　新常态下家园共育的提出背景

一、建一所亲师幼共研、共育、共成长的幼儿园

宸宜幼儿园是天津市北辰区为缓解秋怡家园保障房区域内学龄前儿童入园难问题,为提高该区学前教育质量,按照市级示范园标准建设的教育局直属国办园,其位于天津市北辰区姚江东路,是一座美丽的"U"字城堡形建筑,占地面积 5000 平方米,建筑面积 4500 平方米。于 2016 年 6 月 5 日正式开园,现拥有 15 个教学班,在园幼儿 450 多人。

经过短短几年的发展,宸宜幼儿园从 2 名园长 12 名教师的人员紧缺状态,发展到今天的党务、人事、教育教学、财务、资产管理、安全保卫、卫生保健相对完善的组织架构;从最初的建章立制到现在形成完备的管理手册,园所管理在摸索中逐步走向科学规范。

经过短短几年的家园共同努力,宸宜幼儿园从最初空洞的楼宇形成了西菜园、北果园,东花园、中乐园的总体布局和一楼生活与自然、二楼生活与艺术、三楼生活与科学的环境特色,成为亲师幼共研共育共成长的爱的乐园。

经过短短几年的学习与努力,宸宜幼儿园从最初的 14 名教职工发展到今天 80 名教职工,在园长的带领下从最初的两名中级职称教师发展到今天的两名高级职称、7 名中级职称教师以及天津市中小学骨干教师、区级学科带头人

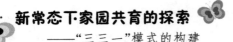

图 1-1　魅力宸宜

和多名区兼职教研员的局面,教师的教科研专业能力、综合素养得到稳步提升。

　　在短短五年的四季轮回中,宸宜幼儿园现已有三届优秀的毕业幼儿顺利升入小学,毕业幼儿在学校的优秀表现为宸宜幼儿园赢得了家长、社区和学校良好的口碑。

　　宸宜幼儿园在《幼儿园教育指导纲要》(以下简称《纲要》)《3-6 岁儿童学习与发展指南》(以下简称《指南》)的精神指导下,积极了解周边家长和幼儿需求,满足社会办优质园所需求,从办园之初就提出了"释放天性、放飞梦想,让幼儿在游戏中幸福成长"的办园宗旨,确立了"健康尚礼、正直真诚、亲和严谨、主动智慧"的园训,制定了"自然、自主、和谐,求真、求新、乐观"的园风,"倾注智慧真爱、呵护美丽童心"的教风,营造出"亲近自然、发现美好、感恩生活、主动创造"的学风,将提升家园共育的质量作为一项重要的工作,为之孜孜不倦的付出。

　　宸宜幼儿园坚持在开放的理念下,给幼儿一个自主的童年。通过实施中华武术课程、礼仪课程、生态探究课程、绘本阅读课程,引导家庭创立书香阅读角、家庭科学实验室,开办家长学校,提升家长科学育儿理念,实现"亲师幼共研、共育、共成长",进而加强幼儿园、家庭和社区对幼儿教育的关注,共同携手构建和谐的教育生态,让幼儿在游戏、体验和自主探究中幸福成长!

二、幼儿园亲师幼携手发展面临的问题与挑战

随着大数据、云计算信息科学技术的飞速发展,教育也成功的加入了这一变革浪潮。在"互联网+"背景下,教育由封闭走向开放,由被动变为主动,由单一走向多元,以教师为主导的教育逐步弱化,家园共育成为可能,家庭教育的重要程度逐渐显现。

近年来尤其是党的十九大以来,在各级政府部门的积极投入和推动下,我国学前教育事业得到了前所未有的发展,保教质量不断提升,学前教育逐步进入到"全育人,育全人"的发展阶段。

学前教育是幼儿从家庭迈向正规教育的开端,是整个教育的奠基阶段,它比其他教育阶段与家庭的联系更为紧密。在《幼儿园教育指导纲要》以及《3-6岁儿童学习与发展指南》中指出,家庭在幼儿发展中具有重要作用,家庭是幼儿园重要的合作伙伴。著名幼教专家陈鹤琴曾说:"幼儿教育是一种很复杂的事情,不是家庭一方面可以单独胜任的,也不是幼儿园一方面可以单独胜任的;必定要两个方面共同合作才能得到充分的功效。"幼儿的年龄特点,决定了家庭与幼儿园在其受教育中的重要地位,只有家园合力同向而行,幼儿才能获得科学有效的教育,不难看出家园共育是促进幼儿全面健康发展的必由之路。

随着我国城镇化的快速发展,新建片区逐步建立,高学历高文化家长群体逐步形成,他们对幼儿教育提出了更高要求,对优质教育高度渴望。同样随着新建片区的建立,配套幼儿园逐步跟进,教师经过招录逐步配备,而新配备的教师多为新手教师,存在着教师经验欠缺、教学能力不足等问题。国家经济新常态下"创新、协调、绿色、开放、共享"五大发展理念的推进,国家对家庭教育的高度重视等新的大环境的变化,让幼儿教育面临着"为什么教?谁来教?教什么?怎么教?为什么学?谁来学?学什么?怎么学?"等问题与挑战。

面对问题与挑战,我们坚持以儿童为本的理念,注重家园合作,充分利用现代科学技术手段,在家园共育的时间、空间和内容上实现新的突破和飞越,

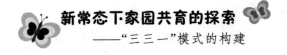
在家园共育的道路上探索出一条符合现代幼儿教育发展的新模式。

第二节　新常态下家园共育提出的理论依据

一、国内外研究表明:幼儿园要不断探索新的家园共育方式

以"家园共育"为关键词在中国知网上进行检索,发现 2015 年至 2019 年的期刊文献共计 589 篇。通过整理分析发现,家园共育是学前教育的大趋势,是近几年来大家普遍关注的焦点和热点。国内外都十分关注家园共育工作,而且已经成为很多发达国家和地区教育改革的重要议题。

国外研究方面:在家园合作的模式方面,戴莉总结了七种家园合作的模式,学前教育家卡利娜将家园合作概括为九种模式,学者 Davies 提出了四种家校合作类型;在家园合作的层次方面,英国北爱尔兰大学教授摩根等人将家长参与家园合作的形式分为低层次、高层次、正式的、组织上的参与;在家园合作的价值方面,国外许多研究表明,家长与幼儿园之间的亲密合作,会在多个方面都产生积极的影响。此外,英国的教学助手计划、法国的"鼓励家长参与园所的管理"、美国的"学校合作实践"等采取了多元化的措施,吸引了家长参与和支持学校的工作,做了大量富有成效的工作,其中很多经验值得我们学习和借鉴。

国内研究方面:邢利娅从管理学的视角出发,认为幼儿园家长工作的内容有:增加与家长沟通的频率、乐于帮助幼儿家长,有针对性的引导家长并为其服务、有效利用家长教育资源。我国家园共育领域的研究尚处于初级阶段,研究成果还不足以构成体系,大多数文献只是针对家园共育中的某个问题进行分析研究和探讨,有的研究者针对我国家园共育普遍存在的问题进行了分析整理,如我国家园共育中存在着家园合作不够深入、浮于表面、措施不到位、方式方法混乱、家园合作不够密切、幼儿园教育难以与家庭教育有常态化联系的问题,研究针对上述的一系列问题给出了解决策略,如教师和家长要提高自我素质,采用现代的网络开展多种形式共育活动,充分、合理利用家长

资源,以促进幼儿身心健康、全面、和谐的发展等。

综上所述,在家园共育方面我国取得了一定的成就,但有研究表明当下的家园共育实际效果有限,在很多家长的观念中,仍然认为学前教育是幼儿园的事,把幼儿托付给幼儿园就行。可以看出,当前家园共育主要强调了幼儿园与家长的交流,而对于能够实现幼儿园和家庭教育一贯性的具体方案研究较少。因此,幼儿园有必要探索新的家园共育方式。

二、新时代更需要幼儿园与家庭密切合作

《幼儿园教育指导纲要》指出:家庭是幼儿园的重要合作伙伴。应本着尊重、平等、合作的原则,争取家长的理解和主动参与,并积极支持帮助家长提高教育能力,幼儿园应与家庭、社区密切合作,与小学相互衔接,综合利用各种教育资源,共同为幼儿的发展创设良好的条件。新《幼儿园工作规程》中指出:幼儿园应当主动与幼儿家庭沟通合作,为家长提供科学育儿宣传指导,帮助家长创设良好的家庭环境,共同担负教育幼儿的任务。《3-6岁儿童学习与发展指南》中也提出了家园共育的教育理念,强调要重视家庭教育对幼儿终身学习和发展的重要影响,只有家长和幼儿园共同努力,才能有效地促进幼儿健康成长。

近年来,学前教育已得到国家和社会各界的广泛重视,2018年《中共中央国务院关于学前教育深化改革规范发展的若干意见》中指出:学前教育是终身学习的开端,是国民教育体系的重要组成部分,是重要的社会公益事业。办好学前教育、实现幼有所育,是党的十九大做出的重大决策部署,是党和政府为老百姓办实事的重大民生工程,关系亿万儿童健康成长,关系社会和谐稳定,关系党和国家事业未来。

党的十八大以来,习近平总书记高度重视家庭、家教、家风,反复强调领导干部要把家风建设摆在重要位置,廉洁修身、廉洁齐家,做家风建设的表率。他曾指出:不论时代发生多大变化,不论生活格局发生多大变化,我们都要重视家庭建设,注重家庭、注重家教、注重家风,紧密结合培育和弘扬社会

主义核心价值观,发扬光大中华民族传统家庭美德,促进家庭和睦,促进亲人相亲相爱,促进下一代健康成长,使千千万万个家庭成为国家发展、民族进步、社会和谐的重要基点。

随着学前教育事业的发展,我们越来越认识到:要提高幼儿素质,只靠幼儿园是很难实现的,特别是幼儿的行为习惯、良好道德品质的形成,必须与家庭教育相互支持,相互配合。研究表明,在幼儿时期对儿童发展影响最大的是家庭。因此,家园共育理应成为推动幼儿发展最值得重视的问题之一。

三、新常态家园共育的理论创新

(一)"教育共同体"的提出

"共同体"最早由 18 世纪法国启蒙运动代表人物卢梭在政治领域提出,即"人民结合成的集体",德国古典社会学家滕尼斯在其《共同体与社会》中将"共同体"一词引入社会学中。2012 年 11 月中共十八大明确提出要倡导"人类命运共同体"意识。国际社会日益成为一个你中有我、我中有你的"命运共同体",面对世界经济的复杂形势和全球性问题,任何国家都不可能独善其身。幼儿教育亦是如此,幼儿教育中亲师幼是你中有我,我中有你的"教育共同体",唯有三方共同努力,幼儿才能收获教育的最大合力。

(二)新常态下亲师"三共"思想的确立

陶行知先生曾说过:"要学生做的事,教职员躬亲共做;要学生学的知识,教职员躬亲共学;要学生守的规矩,教职员躬亲共守","我们相信这种共学、共事、共修养的方法,是真正的教育"。陶行知先生的师生"共学""共做""共修养"的教育思想称为陶行知"三共"思想。而幼儿教育中,教师和家长是传道授业者,必须要做幼儿学习的引领者和示范者,"要幼儿做的事,教师和家长要亲自或共同体验;要幼儿学的知识,教师和家长要先掌握或者共同学习;要幼儿守的规矩,教师和家长要共同遵守"。

(三)亲师幼三主体教育生态圈的构建

人的发展是人与环境不断相互影响的结果。教育生态学将对人的发展产生重要影响的各个因素看作教育这一生态系统中的重要构成,运用系统论来研究人在该系统中适应、发展的规律。在幼儿教育生态体系中,亲师幼作为教育生态体系中最重要的影响因子,相互进行能量的输入与输出,幼儿教育生态体系能否处于动态的良性循环之中,关键在于亲师幼三主体能否在生态圈中进行自我发展更新,不断输入输出新能量,切实保障教育生态圈动态地、健康地、持续地向上循环发展。

第三节 新常态下家园共育的概念特点

一、新常态下家园共育的基本概念

(一)"新常态"的基本含义

"新常态"从字面上看,"新"即"有异于旧";"常态"是相对稳定的状态。"新常态"是不同以往、相对稳定的状态。这是一种趋势性、不可逆的发展状态。"新常态"包含如下几个方面:

1.国家新政策的发布

《中共中央国务院关于学前教育深化改革规范发展的若干意见》是中华人民共和国成立以来,第一个以中共中央、国务院名义印发的关于学前教育工作的文件,同时也是全国教育大会召开之后教育工作的一个重磅政策性文件。足见国家对幼儿园教育的重视程度进一步提高,社会对幼儿园教育的关注度也与日俱增,学前教育已步入快速发展的新时期。即学前教育正面临着发展提升的新阶段,而这种发展的新态势又将是长期持续相对稳定的状态。

2.教育新态势新理念的出现

《指南》、新《纲要》、新《规程》的颁布,国家经济新常态下"创新、协调、绿色、开放、共享"五大发展理念的推进、高考制度的改革、生育政策的放开、国家对传统文化和家风家规,家庭教育的重视等等。这些新的大环境的变化,为幼儿教育提出了"为什么教? 教什么? 怎么教? 为什么学? 学什么? 怎么学?"等许多新的问题和挑战。

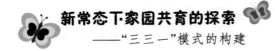
3.规划新片区新环境的形成

随着城镇化建设的加快,公租房、保障房、限价房、商品房多元混居的新片区规划,使与之配套幼儿园生源的原生家庭环境具有新的特点。

4.园所新教师新教法的提出

新建园所增多,师资队伍中新教师群体数量逐渐增加,新手教师成为园所教师群体的主力军,开始承担起教育教学、家长工作等任务。这些教师多为90后,学习能力较强,接受过职前师范教育或非师范教育,虽然都持有教师资格证,但是理论经验不足,实践经验缺乏,多数没有一线带班经验,尤其是家长工作方面对于她们来说具有很大挑战,在教师专业成长和职业幸福感的培植方面面临许多新问题。

5.新型家长群体的涌现

园所招生的幼儿家庭均于2012年陆续迁入辖区。本片区的居民主要有还迁房居民、市内六区搬迁居民以及引进人才项目的外地高学历居民。这部分家长群体对优质教育的期待很高,存在对郊区教育质量以及新建园所、年轻教师的信任度和幼儿园理念的认同度偏低等问题。多元的家长群体对幼儿产生了多样化的教育期待,导致家长工作出现新格局,面临的问题。

6.教育对象新特征新挑战

随着时代的进步,社会步入新媒体时代,富足的经济条件使幼儿的先天能力普遍提高,但六加一的家庭格局、家长不正确的教养理念和教养方式导致幼儿普遍出现高智低能和娇生惯养等问题。不良的空气质量,不健康的饮食习惯,不正确的生活方式,被污染的生存环境等导致出现了很多问题儿童,融合教育成为幼儿园面临的新常态。

综上所述,我们认为"新常态"就是指在国家对幼儿教育重视度提升的同时,教育部门提出的新的规范要求,园所处于城镇新建的规划片区中,家长群体的多元化,师资队伍新手教师占比高,教育对象的复杂性,导致家园共育出现新格局、新挑战。

(二)"家园共育"新时代新释义

教育是个系统工程,由幼儿园、家庭和社会三方面共同组成,三者之间互相渗透、互相联系、互相制约。幼儿的年龄特点决定了影响其发展最主要的是幼儿园和家庭,而家长和教师分别是这两大环境的施教者。家长虽然不是专业的教育工作者,但是对幼儿身体力行的教育和耳濡目染的影响远胜于教师。家庭教育虽然没有学校教育的系统与规范,但是却占据了教育对象的起点,决定了幼儿真善美等价值观的原始取向。而作为学校教育的奠基阶段,幼儿园教育和其他层次的学校教育一样,正规化、系统化、制度化、科学化是最大的特点和优势所在。可以看出,家庭教育和幼儿园教育各有优势和局限,因此只有二者紧密结合,才可以让双方的学习经验具有一致性、连续性、互补性。一方面,幼儿在幼儿园获得的经验能够在家庭中得到巩固和发展;另一方面,幼儿在家庭获得的经验能够在幼儿园学习过程中得到运用、扩展和提升,从而最大限度地形成教育合力,促进幼儿全面发展和健康成长。

儿童的发展受到教育机构、家庭和社会环境等方面因素的影响。在进行家长工作的时候,每位幼儿教师都会遇到很多困惑。幼儿园以《幼儿园教育指导纲要(试行)》(以下简称《纲要》)为指导,充分发掘、利用家长群体这个丰富的教育资源,进一步拓宽工作思路,努力发挥家长的主动性,密切家园关系,更加有效地促进家园共育工作。课题研究将家园共育界定为家庭和幼儿园互相尊重、互相配合,为幼儿身心健康发展进行的一种教育实践活动。

综上所述,"家园共育"即新时代幼儿园和家庭都将自身当作促进儿童发展的主体,双方积极主动地相互了解,相互配合,相互支持,通过幼儿园与家庭的双向互动共同促进儿童的身心健康发展。家长与幼儿园共同完成对幼儿的教育任务,在幼儿的教育过程中并不是家庭抑或是幼儿园单方面的进行教育工作。家长是幼儿的第一任教师,家庭教育对于幼儿的影响十分重要,家园主动携手对幼儿进行同步教育,是促进幼儿健康发展的必由之路。家园如同一车两轮,只有同向运转,才能实现教育的加速度。

二、新常态下家园共育的特点

综上所述,新常态下家园共育概念界定为:基于国家对幼儿教育重视度的提升,教育部门新的规范要求,园所处于城镇新建的规划片区中,家长群体的多元化,师资队伍新教师占比较高,教育对象的复杂性,导致家园共育出现新格局和新挑战。在这样的家园共育新常态的情况下,有必要研究家园共育工作的新思路、新模式。

新常态下家园共育应包括以下特点:

(一)促成家长、教师、幼儿园三方的共同成长及和谐发展

在幼儿教育环节中,要想开展家园共育模式,教师必须要做好与家长之间的沟通工作。如召开家长会议,共同确立家园共育策略很有必要。在家长会议中,教师要能够通过与家长之间的充分沟通,让家长感受到教师对于幼儿成长的关心,并让家长及时认同教师的教育策略,为家园共育模式的有效开展打下基础。在此基础上,教师要向家长充分介绍幼儿园制定的家园共育模式,让家长能够全面地认识该方法,并意识到家园共育工作的价值。然后,教师要与家长一同商议家园共育模式的具体实施策略,包括微信群的建立、实时监控终端的使用方法以及定期交流的频次等。从真正意义上实现幼儿园与家长之间的全面合作,为家园共育模式的有效开展打下良好的基础。针对一些特殊情况的幼儿,及时反馈幼儿的异常,早期干预治疗促进幼儿健康成长。在彼此信任和信服的基础上,教师的意见才会被认同。在亲子活动期间,我们教师通过细心观察,发现有的幼儿注意力不集中,随意走动,小动作不断,动作不协调等,就与家长耐心沟通,建议他们去专门的机构检测。结果发现幼儿是感统失调,还有的确诊是心理上的"选择性沉默证",经过早期干预治疗已经有了很好的改善。过敏体质的幼儿我们小心看护,行动不协调的幼儿我们用心照顾,心理上有问题的幼儿我们耐心疏导,"不抛弃,不放弃""假如我是孩子,假如是我的孩子"已逐步成为宸宜幼儿园的教育信条。于是家长对教师更加信任,为园所赢得了良好的口碑。

在家园共育模式下,教师与家长之间的有效沟通是保证教育效果的关键。为了保证家长能够实时掌握幼儿的状态,并有效地配合教师的教育活动,教师每天都应与家长进行沟通。教师在与家长进行沟通过程中,要采取两方面策略,其一是全体家长在微信群内的统一沟通,其二是教师与家长之间的

一对一沟通,教师要根据实际情况对两种方法予以选择。针对幼儿日常表现、幼儿园通知、健康食谱、家庭教育配合内容等常规性交流,教师可以在微信群中进行沟通,以达到便捷、高效的沟通效果。例如在进行礼貌用语的教育后,教师就需要在群里与家长沟通,让家长可以配合幼儿园工作,构建一个良好的家庭环境,更好地帮助幼儿养成礼貌用语习惯。对于幼儿的特殊情况,教师则需要与家长进行单独沟通,做到既完成有效沟通,又实现对幼儿的有效保护。

(二)全面提升家园共育的深度和质量,构建和谐教育生态

关注幼儿成长环境,了解家长教养方式,和家长真诚沟通。家访突显了"早"研讨、"细"观察、"实"效显等作用。亲和的态度,真心的交流,消除了家长的顾虑,拉近了家园的距离,缩短了师幼熟悉的过程,丰富了班级环境创设素材,提升了教师的自信,还增强了教师在工作中的思考和执行能力。

用专家的理念引领家长,靠有趣的主题带动家长,以家长的好方法影响家长。聘请北京"六加一礼仪教育高级讲师"进行"品格礼仪教育"专题讲座,解决家长们的教育困惑。通过有意义的主题活动如亲子相册、家庭阅读角的创设、鸟窝的制作、幼儿成长册的评比等,让幼儿与家长亲子活动的瞬间、亲子作品成为育儿交流的素材和美好回忆的重温。一时间幼儿们的成长故事、欢乐点滴充满班级和楼道的每个角落。熟悉的墙饰,熟悉的区角,熟悉的游戏材料,熟悉的环境和流程……由于幼儿和家长的广泛参与,让每一个角落,每一幅画面都充满灵动。因为开放所以自主,因为自主所以快乐,因为

图1-2　家长礼仪培训

图1-3　户外游戏区

快乐所以喜欢、留恋。留恋他们的作品，留恋他们的班级，留恋他们的区域，留恋他们发明的游戏材料,留恋他们的教师!

　　家长的理解、支持和信任,带给幼儿园一次又一次深深的感动,这份感动汇成幼儿园感恩回馈的行动,幼儿园会无私地"倾注智慧真爱",悉心地"呵护美丽童心"。将"怀感恩之心、办优质园所,给幼儿们幸福而有意义的童年"作为幼儿园的追求,释放幼儿的天性,放飞幼儿的梦想、为每位教师搭建成长的平台,使每位教师、每个幼儿就像幼儿园的园徽一样都成为最好的、最闪亮的自己。

　　(三)最终达成的目标是促进幼儿全面和谐发展

　　结合节日开展丰富多彩的活动,依托国际图书日开展系列活动:"图书馆我来了!""我的图书角""家庭亲子图书角创意大赛""我带一本书,大家共分享""我们的图书吧""睡前家长故事"等活动,使阅读的种子已经在幼儿们的心里生根发芽!

　　结合爱鸟周活动，开展了系列主题活动,其中的"我给小鸟做个家"亲子制作环节,将活动推向高潮。幼儿们充分利用废旧物品制作了很多小鸟的家。和家长一起把这些鸟窝挂在了户外的各个角落。有些鸟窝虽挂在了树上，但在制作的时候没有考

图1-4　图书角

虑到防水问题,雨淋后一些鸟窝就损坏了。针对这些,进行教研活动,引领教师抓住教育契机,灵活生成科学活动"怎样的鸟窝更结实"。通过观察、分析、实验、游戏等活动,帮助幼儿逐渐了解了怎样的鸟窝不怕雨淋,放在什么地方更稳固等。结合生活,做活的教材,活的课

图 1-5　鸟巢

程,充分体现了《指南》的教育理念。教师对课程的认识和思路逐渐清晰,理解和把握课程的能力也渐入佳境。

做好新常态下家园共育的实践研究,不仅可以提高幼儿园教育质量,还能够促进幼儿的身心健康发展。在实际教学过程中,一定要与家长之间构建起一条和谐、畅通、高效的沟通途径,在保证家长能够全面掌握幼儿在幼儿园情况的基础上,提升家长配合幼儿园工作的主动性,真正构建起一个以幼儿发展为最终目标的教育环境。家园合作应是双向的,教师与家长是互相适应的主体,共同分享教育成果。家长在家园合作活动中,真切地看到自己的付出促进了幼儿整体素质的提高。必将有效地提高家长主动参与的意识和科学育儿的水平,从而实现家庭教育与幼儿园教育的和谐统一,最终为幼儿的发展创造更为有利的环境。因此,幼儿园十分有必要积极地探索适应社会变化的家园共育新模式,以不断开拓合作的广度和深度,让家园合作在幼儿园教育中发挥更大的作用。

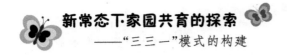

第二章 新常态下家园共育的创新研究

第一节 构建新常态下家园共育的新主体

一、幼儿教育是家庭和幼儿园的共同责任

一般来说,幼儿园教育相比家庭教育而言,更加具有规律性、秩序性、计划性,幼儿在园时往往更加遵守一定的规则和要求,然而由于家庭的舒适环境,诸多幼儿一回到家中,便会产生懈怠、放松的心理和态度,进而影响学习品质的提升。还有家庭环境的差异也会对幼儿产生一定的影响,导致幼儿在家庭中所受到的教育内容不同,收获的实际效果也不同。基于此,在家园教育共同体的建构过程中,需要家园双方同时对工作内容进行研究和探讨,并综合分析多种情况后,再制定科学的、合理的、可行性较强的应对策略。更需要针对不同幼儿的家庭情况、个人情况等因素来制定差异性的培养策略,以此促进每名幼儿都能得到最好的教育。

幼儿教育是家庭和幼儿园的共同责任,只有家园步调一致,才能达到良好的教育效果。家庭是幼儿园重要的合作伙伴,应本着尊重、平等、合作的原则,争取家长的理解、支持与主动参与,积极支持并帮助家长提高教育能力。随着《教育部关于加强家庭教育工作的指导意见》的出台,进一步明确"家长在家庭教育中的主体责任,要求遵循幼儿的成长规律,不断提升家庭教育水平。充分发挥学校在家庭教育中的重要作用，要求幼儿园健全家庭教育工作机制，并把家庭教育指导服务计入幼儿园工作量。"

二、家园共育是幼儿教育的必然趋势

瑞吉欧教育主张：儿童的学习不是独立建构的，而是在诸多条件下，主要是在与家长、教师、同伴的相互作用过程中建构的。家庭和幼儿园是影响幼儿发展最主要的两大环境，家长和教师分别是这两大环境的施教者。从这个意义上说，家长和教师是实际意义上平等的合作伙伴，大家都是为了一个共同目标——教育幼儿使他们得到良好的发展。幼儿园教师具有较系统的专业知识、技能，并经常能学习新的教育理论、研究新的教育方法。而从总体上来看，家长在这方面是比较欠缺的，但家长对幼儿的了解比教师要深刻得多，并且在家庭教育实践中，积累了许多宝贵的经验，这又是许多教师所欠缺的。因此，幼儿园应注重利用家长资源，拓展幼儿学习空间。根据家长的特点，幼儿园有目的地邀请家长到幼儿园，利用自身的特长与优势，和教师一起设计活动、参与活动，将家长教育资源不断地注入幼儿园教育工作之中。

家园共育是幼儿教育的必然趋势，幼儿园始终将家园合作视为提升园所质量、促进园所发展的重要途径之一，因此幼儿园应努力与家长携起手来共创幼儿教师的美好未来。

图 2-1　警察家长进课堂

第二节　丰富家园共育新常态下的新模式

一、家园共育势在必行

随着经济社会的快速发展,学前教育得到了空前的发展,家长送子女入园的积极性空前高涨,追求优质教育资源的渴求更为强烈,社会对幼儿的关注更为突出,仅靠幼儿园自身力量,难以满足家长和幼儿对多样化、个性化教育的需求。因此,在新形势下,家园共育教学模式已势在必行。

二、家园共育新模式确保幼儿健康发展

在幼儿园教育发展过程中,做好对家园共育教学模式的研究,有助于提高幼儿教育效果,因此做好对其应用分析很有必要。幼儿园是幼儿启蒙教育的主阵地,做好幼儿教育工作研究不仅可以推动幼儿教育事业发展,还能够为幼儿的身心健康发展保驾护航。从当前的幼儿教育水平来看,幼儿园想要保证工作质量,实现对幼儿的有效教育,就必须要加强与家长之间的联系,实现幼儿教育与家庭教育的无缝衔接,因此家园共育幼儿模式得以出现,并受到了广泛幼儿园、家长方面的一致好评。为了提高幼儿教育质量,促进幼儿的身心健康发展,幼儿园开创了"三三一"家园共育新模式。

从当前的幼儿教育发展水平来看,开展家园共育模式能够在有效提升幼儿教育效果的基础上,为幼儿的身心健康发展带来保证。近年来,幼儿受伤害事件屡屡被爆出,我们感到痛心的同时,也意识到了必须要建立起一个系统的、健全的教育模式,让家长参与到幼儿教育工作当中,去监督和约束教师的教育行为,以确保幼儿不再受到侵害。在此基础上,幼儿教育作为启蒙教育,其单纯依靠教师是无法保证效果的,家长作为幼儿的第一监护人,必须要参与到幼儿教育工作中,发挥自身的教育作用。在这种需求下,家园共育模式得

以出现,其不仅可以要求家长履行教育职能,同时还可以帮助家长监督教师教育行为,这对保证幼儿教育质量,促进幼儿身心健康发展起到重要保护作用,幼儿教育事业因此进入了一个更高的层次。

第三节　"三三一"教育生态构建的创新研究

一、"三三一"教育生态建构

国家高度重视,印发了《关于学前教育深化改革规范发展的若干意见》。这是园所发展的需要、幼儿发展的需求。只有和谐共生的教育生态,才能使教师专业能力迅速提升、家长育儿观念真正转变和主动参与,只有家园合作,形成有效良性循环的教育场才能促进幼儿身心健康发展。"三三一"教育生态的构建,将幼儿、家长和教师作为教育生态体系中最重要的影响因子,他们互为主体,三方合力共建一个研学共同体。三主体共同研学的内容、形式、途径等,为学前教育更有效地实施提供一定意义的参考价值。引入生态学理念,将影响幼儿发展的不同因素看成是幼儿园教育生态系统中的因子,通过改善和控制不同生态因子来促进幼儿的发展,教师和家长育儿能力的提升,从而促进幼儿园保教质量的提升。"三三一"教育生态问题导向的策略分析,将幼儿出现的问题、兴趣、自身需要以及家长和教师的困惑作为研究的内容,在生活中教育、在自然中教育。教师和家长的专业指导水平得到提高,互学、互研、互助、互促成为常态探索有效的策略。构建"三三一"教育生态量化指标体系,追踪幼儿的成长轨迹,搜集量化指标数据,不断完善和改进亲师幼三位一体研学共同体的教育生态,构架坚实的教育基础,营造了良好的成长环境,在充实和完善中,逐步构建一个幼儿、教师、家长,家庭、幼儿园、社区、政府相互联结的更加完善的教育生态环境。

二、新常态下家园共育的创新研究思路

通过定性研究,采用观察、访谈、实物分析等方法收集资料;通过定量研究,设计量化指标的问卷,对研究对象进行追踪和资料的搜集以及数据的统计。通过行动研究法在自然、真实的教育环境中进行研究。采用定性和定量研究相结合的方法,以行动研究法为引领,在幼儿、家长、教师组成的三位一体研学共同体中,基于一个个研学共同体项目的实施与完成,达成和谐共荣的教育生态,对幼儿进行追踪研究,根据研究的结果再实践再探索,不断完善和改进"三三一"教育生态,构建"三三一"教育生态的评价体系。以三主体作为主要评价指标,具体包括:家长方面——定期对家长发放调查问卷,对家长进行随机访谈;教师方面——定期对教师进行业务能力考核和技能测试,进行随机访谈和问卷调查;在园幼儿方面——定期对幼儿各方面的发展进行追踪记录研究,对个别幼儿的家庭教育个案研究;毕业幼儿方面——通过举办省亲会、幼小结对共研等方式对园所毕业幼儿进行追踪调研。

通过"三三一"教育生态的构建,幼儿、家长、教师三个主体,组成一个个的研学共同体,在每一个研学共同体解决问题、达成共识、获得共成长的过程中,家园关系和谐共荣,师生关系温暖有爱,家庭氛围温馨舒适,家长和教师共同得到提升,幼儿在良性的教育环境中获得健康成长!建立起有爱、有温度的教育生态,真正转变家长教育观念,迅速提升教师专业能力,促进幼儿健康发展,家园合作积极、健康、和谐。

为确保幼儿园教育质量提升,"三共理念"逐步成为园所独特的教育信念;引领新教师重视家园共育、优化活动资源、锤炼教师队伍;引导家长关注幼儿全面发展,重视家庭和谐与文化建设;培育幼儿健康的人格、体魄,让幼儿用自己的学习方式不断丰盈建构知识体系,实现全面素质提升。体现社会推广价值,将研学共同体解决的问题项目进行归类整理,开发出可借鉴的研学内容、模式、策略加以推广应用。

第四节　新常态下家园共育的研究价值

对于许多家长来说,他们对家园共育的重要性和实施方法等方面的认识严重不足,作为园方我们有教育引导幼儿,促进幼儿身心健康发展的责任和义务。为了使教育效果最优化,教育影响最大化,我们必须提高家长对家园共育的认识,努力实现良好的家园共育,以帮助家长提高认识,解决家园共育中出现的问题,为日后幼儿园和家园之间的合力教育提供有效的指导和帮助。

(一)丰富家园共育的理论价值

现代教育理念强调学校要面向公众开放,充分挖掘和利用家长和社区资源,使之融入幼儿园的各项工作中。在《幼儿园教育指导纲要》和《3-6岁儿童学习与发展指南》(以下简称《指南》)背景下,家园合作必须构建新途径和方法,才能达到家园双方互赢。本研究以新常态为视阈,通过探索家园共育新主体、新模式、新环境,在实践中创新家园共育新方法,来提升家园共育质量,丰富家园共育相关理论。

家园共育,顾名思义就是在幼儿园和家庭之间,教师和家长之间形成合力。首先,家庭是幼儿出生后的第一个生活环境,家长是幼儿不可选择的第一任教师,家庭教育是幼儿接受教育的开端。有的家庭中,父母爱读书,家庭教育理念新颖,家庭成员之间关系融洽,对于幼儿来说就能起到良好的表率作用。这样的家庭中培养长大的幼儿就会很优秀。但是结合幼儿园工作多年的实际经验发现,目前也有不少年轻家长的教育随意性和盲目性较多,教育的效果不理想。其次,幼儿园是幼儿受教育的主要阵地,也是幼儿成长的主要阵地。幼儿园的教育在《幼儿园教育指导纲要》《3-6岁儿童学习与发展指南》的指导下,不管在教育理念上,在教学内容上,在教育方法上都有国家统一的标准和要求,这些方面是科学的、系统的、全面的。家园合作的目的是使家庭教育和幼儿园教育有机地结合起来,密切配合,促进幼儿全面发展。因此家园合作的形式绝不仅仅是幼儿园学习成果的展示,接送交谈反映情况等这么简单。

(二)提升家园共育的实践价值

幼儿阶段是人一生中的关键节点,奠定了人的个性发展、学习、交往能力的基础。本研究旨在通过创新家园共育新方法,提升幼儿园保教质量,促进家庭育儿能力,进而促进幼儿的全面、和谐、健康的发展。同时对新常态下家园共育研究的经验总结梳理,使研究成果具有普适性和推广性。

第一,明细科研思路,稳步研究。

建园初期,幼儿园积极申报立项了中国学前教育研究会十三五课题"新常态下家园共育的实践研究"。在专家的指导下围绕课题梳理思路,通过三个维度来进行研究。一个是园所管理,一个是教师维度,还有一个就是家长维度。针对三个维度同步进行家园共育课题的研究。开办家长学校,以教师的育儿经验分享、好方法交流、礼仪教育讲座、绘本阅读讲座、爱的教育家长讲座、安全教育讲座等不断提升家长的育儿理念和转变家长教育行为。幼儿园还通过宣传栏等形式向家长宣传"常见传染病的预防及隔离护理""保护眼睛""安全知识"等知识。彰显园所教育理念,受到了家长的欢迎,家园共育的成果显著提升。

为了化解家庭矛盾和隔代教育问题,幼儿园利用离园时老人在门口等候的时间,有效组织家长提前进园参加"师亲共读,助力成长"20分钟活动。进行家庭育儿经验分享,解决了家长天冷时门外等候的问题,更重要的是提升了隔代教育理念,促进家庭和谐和共育水平提升。

结合课题和教师研究,幼儿园开展多种形式的培训活动,拓展教师研究领域,了解个案研究的方法和思路。在个案研究过程中不断反思,在不断调整和实践中提升自身家园共育的能力和水平。

第二,开展共育活动,深化研究内容。

图 2-2　家长讲座

组织开展家委会、伙委会、家长义工的成立活动，围绕入园准备的核心问题，有针对性地举办亲子活动，解决了新生分离焦虑问题，从形式和内容上都体现直面实际问题，并有效实施和解决，保证了新生入园的平稳过渡。家长义工进课堂活动，所有的家长义工根据自己的特长爱好、擅长的本领或结合自身职业工作的特点，走进班里给幼儿们带来有趣的课程。家长们认真备课，反复修改教案，丰富多彩的内容吸引着幼儿们。结合幼小衔接也有不少家长带来古诗欣赏、科学实验、传统文化等课程。

第三，走向社区平台，有效整合教育资源。

幼儿园利用社区资源，邀请派出所所长来园进行了"小手拉大手，反恐防骗，关爱儿童"的知识讲座和演习；接待教育局老干部下基层活动；普东街诗文朗诵活动，幼儿园的两个作品都获得了很好的成绩，其中"爱满宸宜"还进行了汇报展演。邀请北辰区图书馆馆员，给家长们进行了讲

图 2-3　家委会义工成立仪式

图 2-4　普东街诗文朗诵 1

图 2-5　普东街诗文朗诵 2

座,加强了与社区的联系。

第四,注重专题研究,凸显园所特色。

《指南背景下幼儿文明礼仪的实践研究》成功立项,成为天津市教研室第七届幼儿园专题研究项目。文明礼仪活动不断遵循生活化、游戏化的理念,逐渐深入发展。

晨间礼仪迎园,清晨的一缕阳光,小手拉大手,把阳光般的温暖带给走进宸宜的每个人。各班组的文明礼仪特色活动,亮点频频闪现:小班组日常行为礼仪养成,中班组的文明出行亲子公益广告的征集分享活动,大班组举办的"礼仪知识问答赛""文明全运"的主题活动、"文明观影"活动、升旗礼仪教育等让宸宜幼儿园的幼儿个个讲文明懂礼貌。各班还结合幼儿实际开展环保、安全、日常礼仪的主题活动,增强幼儿安全自救和环保意识,提升文明素养。

第五,反思研训中感悟成长。

积极奋进的大班组,内敛睿智的中班组,勤奋努力的小班组,教师们在活动中不断历练自己。围绕升旗活动中的问题进行一系列升旗礼仪教育活动。引领教师在发现问题、找原因、找对策的过程中不断深化活动的意义。如组织幼儿认识国旗活动,观看并学习升旗仪式录像,并且通过邀请家长一同参加,共同带动幼儿的爱国意识和祖国荣誉感,让幼儿感受到升旗的仪式感和重要意义,解决了升旗过程中的礼仪问题。召开家长委员会,征集家长的意见和建议,发挥家长的资源优势,共同解决了园所的相关问题。

图2-6　礼仪知识竞赛

"互联网+"的背景下,深入贯彻教育部关于加强幼儿家庭教育发展的有关精神,指导家长和幼儿园如何有效调适和掌握外部资源,充分掌握和运用家园共育现代化相关工具和平台,使家园共育工作得到进一步开拓和发展至关重要。家庭和幼儿园的教育能够形成合力,共同营造积极促进、温馨抚育、合理引导儿童的良好环境,共同践行科学的儿童观和教育观,家园共育的现代化就是家园共育的科学

图 2-7　升旗活动

化,体现以儿童为本的理念,体现科学发展和持续发展的思想。要充分利用现代科学技术手段,在家园共育的时间、空间和内容上实现新的突破和飞越。由此可见,家园共育在实践中加强研究与探索的力度,不断创新工作思路,改进工作策略。

第三章　构建新常态下家园共育新主体
——"亲师幼共同体"

　　几年来,幼儿园以锻造宸宜精神,铸就宸宜气质为目标,以"三共"理念为引领,让亲师幼共研共育共成长,初步形成良好的教育生态圈:尊重赢得人心,接纳促进合作,包容加深理解,鼓励激发创新,引领提升水准,努力创设重品格、全育人、育全人的良性发展的生态圈。幼儿园融情于人本管理,融爱于安全责任。健全制度,岗位与责任明确:不断完善宸宜幼儿园管理制度手册,明确岗位设置、职责、制度、奖罚等,落实一岗双责,各项工作安全稳妥有序开展。关注细节,管理与尊重并重:民主管理,让"三重一大"处置权利在阳光下施行,在监督中显效。对"人"的尊重和关怀,对财的收支和把控,对物的管理和利用做到合理、高效。动态激励,考核与包容同进,用好考核这把双刃剑,形成多主体参与的动态评价体系,激发教职工的爱与责任。对想干事、能干事、干成事的教师给机会,给平台;对够努力,认头干,能力稍欠缺的教师多指点、多鼓励;对身体差、困难多、情绪化的教师多关怀、够包容。

第一节　"亲师幼共同体"的形成与价值

一、"亲师幼共同体"的提出

　　宸宜幼儿园自 2015 年 8 月开始招生、2016 年 6 月 5 日正式开园以来,就把"家园共育"作为办园特色建设的重要方面,并以《新常态下幼儿园家园共育的实践研究》为题申报立项了中国学前教育研究会的十三五课题,课题立项时, 我们仅有 6 位在编应届毕业生教师和 9 位合同制教师以及两位园长。不到几年时间,幼儿园不断发展壮大,其中虽有坎坷,但抓住了"家园共育"这个方向,大胆地提出"三共理念"。将园所的办园理念,幼儿的长远发展,家园的和谐建设以及亲师幼的共同成长蕴含其中。不仅顺利度过了困难时期,而且取得了良好的口碑和成绩。

通过对新常态下家园共育的现状分析,亲师幼对自身的主体地位认知较为模糊,对自身要发挥的作用也不明确,故将构建家园共育新主体——"亲师幼共同体"作为实践探索的第一要务。

二、"亲师幼共同体"的界定

(一)"共同体"的理解

幼儿园的规则不是师幼共同生活、磋商理解的结果,自然不可能使那么多的幼儿做到管住自己。伴随着"规则"而来的,是教师对幼儿从好到不好之间的评价等级以及给予的不同奖惩。共同体是社会政治研究领域的重要概念,因现代社会共同体精神的衰落而日益进入研究者的视野。因为身处共同体的个体,并没有"意识"到自己属于这个群体而不属于另一个群体,个人不受共同体的限制,而是被一种共有的理解(understanding)维系,是失去乐园的"局外人"将这样的群体命名为共同体。它指的是人们和睦相处的状态,人们不必证明任何东西,就可期待他人的同情与帮助。它具有独特性、小、自给自足三个显著特点,就是说"我"属于这个群体是不言而喻的,不需要获得许可,不需要为成为共同体中的一员而谋划权衡;小的范围里有着全面而经常性的沟通与意义共享;在生活中,不需要求助共同体以外的人。

带着同样的期冀,杜威在教育中孕育着他的共同体理想,共同体就是让教育者和受教育者在其间共同生活。"这种共同生活,扩大并启迪经验,刺激并丰富想象;对言论和思想的正确性和生动性担负责任"。教育所创设的共同

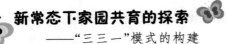

体环境本身富有教育意义,给个体的发展带来契机。共同体有"共同的东西",即共同的目标;共同体有"沟通",即为了同一个目标,表达和协调不同的意见。不同学者对于共同体的概念描述存在差异,在有些译著里被译为"团体、社群"等。但总的来说,其所描述的共同体内涵和实质是相同的。共同体实质上就是一种真正的共同生活,一种归属精神,一种可以信赖的权威结构,一种来自大家的互惠互利的意识,一种作为共有、共享的精神指引。

《纲要》中也渗透了共同体的一些思想:"幼儿与成人、同伴之间的共同生活、交往、探索、游戏等,是其社会学习的重要途径。应为幼儿提供人际相互交往和共同活动的机会和条件。"

(二)"亲师幼共同体"的解读

"亲师幼共同体"是以促进幼儿发展为共同目标,由幼儿、家长、教师组成的不断建构的群体。三方有着共同的需求,在幼儿园搭建的平台上,通过互动增进情感,展现各自的智慧。经过分享、倾听、交流,最终促进三方对于成长过程中出现的多元的问题进行深入了解,并不断丰富、发展自身的原有观念,向着理想化的教育目标迈进。

构建的"亲师幼共同体",一方面指"亲师幼"同为主体,即教师、家长、幼儿三位一体,平等尊重,相互了解、相互支持、共同成长;另一方面,"亲师幼共同体"是一个研学共同体,即家长、幼儿、教师建立同理念、同方向、同学习、共成长的研学共同体,从而形成相互作用、相互促进、有效的教育场,使得幼儿教育质量达到事半功倍的目的。

三、"亲师幼共同体"的特点和价值

真正的共同体是无条件接纳其成员的,因而是一个安全的环境;它努力实现共同的目标,因而是一个意义创造的空间;它平等面对个体的意见,因而是一个充分表达的平台;它提供的自由表达会得到同样自由的回馈与挑战,因而这还是一个需要承担责任的区域,共同体享受着建构的整个过程。这种家园共育方式将不同背景的家长、幼儿、教师凝聚在一起,形成了彼此信任、尊重、包容、合作、依赖的氛围,教育观念上的和谐共存,教育方式上的互相包容,教育行为上的和谐一致。是用爱维护彼此的关系,用信任保障彼此的互动质量,用尊重成为准绳,以活动搭建平台,依靠自我完善提升共育水平。

　　构建亲师幼共同体既是贯彻《纲要》《指南》的需要,也是幼儿和谐发展的需要,体现了新时代家园共育的新变化、新特点、新格局,对于提升共育水平具有很高的研究价值,对提升园所教育质量具有举足轻重的作用。

　　如果杜威抱着对教育能够营造一个共同体并促进社会民主变革的信念,才踏进这片实验地;如果我们不相信未来的幼儿能够创造一个更为和睦、亲善的社会,我们也无法从我们的学前教育事业中获得意义。只有涉及幼儿教育的多方面力量彼此增进沟通、理解,努力反思各自背负的信念经验,才有可能在共同努力的道路上,离理想中的共同体越来越近。

第二节　"亲师幼共同体"——"共理念"

　　依据《纲要》《指南》等文件精神,依托新时代新常态下对幼儿教育的要求,根据园所办园宗旨,"三风一训",通过不同的途径达成"三共"理念的体验、感动、信任、认同。在亲师幼共同体建立之初,将园所的教育理念达成共识,进而形成共同体的向心力,具体实践策略如下:

一、设计幼儿园环境——浸润教育理念

　　"环境是重要的教育资源,应通过环境的创设和利用,有效地促进幼儿的发展。幼儿园应为幼儿提供健康、丰富的生活和活动环境,满足它们多方面的需要,使它们在快乐的童年中获得有益于身心发展的经验。"布朗芬布伦纳在以"人的发展"为主题的研究中也指出,教育环境的优化,能吸引幼儿积极参与活动;能培养幼儿分享、商谈和合作能力;能促进幼儿学习的主动性;能发展幼儿的创造力。教师应根据幼儿的年龄特点和发展需求,将幼儿园环境教育中的各个因素有机结合、渗透,使幼儿与动态的环境产生互动,在交融过程

中发挥环境
的教育作用,
有效促进幼
儿和谐健康
发展,让幼儿
体验润物无
声的教育。

幼儿社
会性发展需
要依托特定

图 3-1 校园一角

的环境。因此,幼儿与其生存的"微环境"的互动是促进社会性发展的动力源泉。但现在的家庭多为独生子女,缺乏有利于幼儿交往、互动式的"人文微环境",导致他们善于接受,缺少付出。以自我为中心,缺乏与同伴合作、交流的方法与技能等特点。而幼儿园可充分利用"人文"资源,为幼儿创设积极互动、宽松、自主的"人文微环境",促进幼儿情感、交往行为和个性的发展。

如构筑富有园所特色的生态自然环境,形成自然、美丽、春花、秋实的生态探究场。亲师幼自主开展生态活动,在体验中感受到共同学习和探究的乐趣;为了丰富园所文化环境,利用 PVC 管进行传达室外墙的美化,入园之时即刻能感受到园所的自然向善的教育思想;创设户外体育自主游戏、建构游戏、涂鸦游戏等快乐游戏场,开启共研游戏之旅。将园所保安室一侧透视墙进行了黑板涂鸦墙、玻璃涂鸦墙、镶嵌插板游戏墙、磁力板游戏墙等多功能的设计和安装;改造投放了 PVC 管进行户外自主游戏的初步尝试;利用 PVC 管进行沙池、打气筒等户外玩具设施整理,保证了户外自主游戏的有效开展,亲师幼都是游戏的发起者、组织者、参与者。彼此互促游戏的内涵发展,感受智慧陪伴的力量,体现了园所开放自主,快乐游戏的理念。

创设开放式书吧,走进楼道,每一个角落,随处可见开放的图书角,供亲师幼阅读,形成自主学习、共享美好的园所氛围,为打造园所书香校园文化奠定了基础。在楼道创设"爱满宸宜""红歌会"等主题文化墙,彰显爱和感恩教

图 3-2　自主游戏区

育的主旨,随时都能够让亲师幼回顾温暖之情,回味感动之爱。亲子根据不同的主题创意制作的作品装饰在楼道画框中, 还有亲师幼制作的吊饰艺术作品,传递了园所亲师幼环境共创理念。交流区、休闲区、观赏区、体验区的创设传递着园所的亲师幼资源共享理念。班级区域中有亲师幼快乐游戏的精彩瞬间,彰显了园所亲师幼课程共构的理念。每天的"师、亲、幼晨间礼仪接待",展现亲师幼和谐、文明、有礼的园所氛围。亲师幼行为规范文化墙蕴含着全园育人,育全人的教育指导思想。作为宸宜人,无时无刻都展现着温暖有爱、信任尊重、向善向美、和谐共进、创新进取的精神面貌。园所洋溢着彼此成就的氛围,弥漫着共生

图 3-3　前厅图书角

共长的气息。

总之,外显环境与内隐环境共同作用,让亲师幼充分感知园所的教育文化,潜移默化地接受园所的教育理念。

图3-4　红歌会文化墙

二、依靠教师专业能力——传递教育理念

一名专业的幼儿园教师应具备:环境的创设与利用、一日生活的组织与保育、游戏活动的支持与引导、教育活动的计划与实施、激励与评价、沟通与合作、反思与发展等能力。

(一)班级环境的创设与利用

建立良好的师幼关系,帮助幼儿建立良好的同伴关系,让幼儿感到温暖和愉悦。建立班级秩序与规则,营造良好的班级氛围,让幼儿感受到安全、舒适。创设有助于促进幼儿成长、学习、游戏的教育环境。合理利用资源,为幼儿提供和制作适合的玩教具和学习材料,引发和支持幼儿的主动活动。为家长、幼儿提供参与环境创设的机会和平台,成为环境的主人。透过环境自然渗透出园所开放、自主的教育理念。

(二)一日生活的组织与保育

合理安排和组织一日生活的各个环节,将教育灵活地渗透到一日生活中。科学照料幼儿日常生活,指导和协助保育员做好班级常规保育和卫生工作。充分利用各种教育契机,对幼儿进行随机教育。践行"一日生活皆课程"的

理念,挖掘生活教育资源,关注每个环节的教育价值。

（三）游戏活动的支持与引导

提供符合幼儿兴趣需要、年龄特点和发展目标的游戏条件。充分利用与合理设计游戏活动空间,提供丰富、适宜的游

图 3-5　班级环境

戏材料,支持、引发和促进幼儿的游戏。鼓励幼儿自主选择游戏内容、伙伴和材料,支持幼儿主动地、创造性地开展游戏,充分体验游戏的快乐和满足。引导幼儿在游戏活动中获得身体、认知、语言和社会性等多方面的发展。组织亲师幼共同参与到游戏研学中,挖掘游戏课程资源。

(四)教育活动的计划与实施

制定阶段性的教育活动计划和具体活动方案。在教育活动中观察幼儿,根据幼儿的表现和需要,调整活动,给予适宜的指导。在教育活动的设计和实施中体现趣味性、综合性和生活化,灵活运用各种组织形式和适宜的教育方式。提供更多的操作探索、交流合作、表达表现的机会,支持和促进幼儿主动学习。

图 3-6　洒水事件墙饰

图 3-7　游戏活动 1

图 3-8　游戏活动 2

图 3-9　玩泥游戏

（五）运用幼儿激励与评价

关注幼儿日常表现，及时发现和赏识每个幼儿的点滴进步，注重激发和保护幼儿的积极性、自信心。有效运用观察、谈话、家园联系、作品分析等多种方法，客观全面地了解和评价幼儿。有效运用评价结果，指导下一步教育活动的开展。

（六）学会沟通与合作

使用符合幼儿年龄特点的语言进行保教工作。教师要善于倾听，与幼儿进行有效沟通。与同事合作交流，分享经验和资源，共同发展。与家长进行有效沟通合作，共同促进幼儿发展。协助幼儿园与社区建立合作互助的良好关系。

（七）不断反思与发展

主动收集分析相关信息，不断进行反思，改进保教工作。针对保教工作中的现实需要与问题，进行探索和研究。制定专业发展规划，不断提高自身专业素质。

针对教师专业性不强，经验能力不足的现状，幼儿园加大培训力度，以认同园本理念为基础开展园本教研。借助专家引领理念，依托优质姊妹园资源进行体验式培训；通过走出去，请进来，园长及骨干带领，同伴互助分享，建立动态激励机制，构筑欣赏、尊重、理解、包容、体谅等多种管理模式促进教师形成科学的教养理念和专业的能力，提升师德修养；同时通过教师自学读书交流、经验交流分享、观摩学习互促等形式提升教师专

图 3-10　观察幼儿游戏

图 3-11　教师分享交流

业水平等。用教师高水平的专业能力来促进幼儿的发展。通过幼儿能力的提升、良好品质及习惯的养成消除家长对园所教育质量的质疑，赢得家长的认可，进而认可园所的教育理念。

图 3-12 教师成长档案   图 3-13 教师读书交流

三、帮助家长理念提升——主动认同教育理念

　　幼儿园开展亲子教育,其教育对象除了幼儿还有家长,而且首要的是家长。那么,整个亲子教育活动的过程也是教师指导家长学习、消化、积累的过程,不仅使家长成为亲子活动中的参与者,还向家长传递正确的儿童观、教育观,帮助家长树立儿童全面发展观,让家长成为亲子活动中的学习者。每次亲子活动后,告诉家长"围绕本次活动目标可以延伸家庭的内容"这是非常重要的。教师引导家长不仅在幼儿园亲子教育活动中如此,在家庭里的亲子活动游戏中也应如此学以致用并且延伸。长此以往,亲子教育才会得到良性发展,幼儿的教育才会真正提升到一个应有的高度。让家长通过参加亲子活动明白要视幼儿为独立的人,幼儿的兴趣、需要、游戏具有独立的而非从属的价值,肯定幼儿现实生活本身对幼儿成长的重要性,从而建立起正确的亲子关系。在这个学习、消化积累的过程中,家长们越来越感受到自身对科学育儿知识缺乏了解,越来越认同教育幼儿真的不光是教师的事情,越来越意识到自己在亲子教育活动中的主导地位,也越来越切身地体会到了做现代父母的职责,更越来越与教师达成共识——即重视幼儿基本生活能力的培养,重视幼儿良好行为习惯的养成,注重幼儿身心的和谐发展。

园所针对家长们高学历以及对育儿知识的渴求现状成立家长学校，定期开展家长讲座，向家长宣传园所的教育理念及科学的育儿观，为家长解答育儿方面的困惑；针对相当一部分家庭是祖辈育儿的现状，开展"隔代育儿大讲堂"活动，向祖辈传递幼儿的教育理念；针对当前出现的"丧偶式"陪伴教育现象，有针对性地进行阳刚教育，吸引爸爸们积极参与到亲子育儿活动中来，如绘本《我爸爸》、"厉害了我的爸爸"万能工匠创意拼插活动、爸爸助教团等。为提升家长的育儿理念和水平，深入开展家长

图 3-14　亲子活动

"图书漂流活动""读书沙龙活动"，共同阅读《指南》及育儿相关书籍，并记录阅读体会及育儿实践。家长间通过互相沟通、学习科学育儿知识和经验来增强自身育儿能力。通过开展"家长参与式培训活动"，组织家长体验幼儿园区角游戏活动，让家长亲身感受游戏中蕴含的教育价值，认可"游戏"是幼儿的基本学习方式。通过园所微信公众号向家长推送育儿文章及经验，共享园所教育动态等。

图 3-15　家长《指南》阅读沙龙

图 3-16　家长参与式培训 1

图 3-17　家长参与式培训 2

开展亲子研学活动,让家长在参与体验中,感受到陪伴的意义和价值,明晰智慧陪伴的关键作用。例如:爱鸟周制作鸟巢活动中,一些家长觉得和幼儿制作鸟巢耽误了自己的很多时间,出现参与质量不高的情况。园所抓住契机,通过讲座、沙龙活动等向家长剖析共育案例,借助一些优秀家长的活动经验进行交流,得到部分家长充分理解和支持,使家长深刻理解了陪伴幼儿游戏的教育价值。再如园所开展的家长阅读活动,提供了《3-6岁儿童学习与发展指南解读》、育儿知识方面的书籍。一开始家长的参与度并不高,有的也是出于配合教师的工作,被动参与。园所发现问题及时通过家长会、亲子活动、共研小组等途径向家长传递阅读的重要性。家长在阅读中明确了育儿的正确方向,找到了育儿的良药秘方。同时家长的阅读习惯也在影响着幼儿,为幼儿起到了示范的作用。家长尝到了甜头,在漂流记录中能够发现家长的真情实感,参与借阅的人数逐步攀升,参与率达到了百分之九十以上。在生态活动中,家长最初理解是种些植物,浇点水,成熟了采摘下来就可以了,没有认识到生态及教育活动中蕴含的教育价值。园所利用公众平台、家长义工、亲师共读、丰收节等活动将园所生态课程向家长进行宣传。通过文字和照片的视觉影像,让家长声情并茂地理解课程故事。数学测量、称重,艺术写生欣赏,语言诗歌的创编,社会交往能力的发展,观察中的思考,交流中的提升等让家长身临其境,感同身受,深刻领悟到了生态活动的价值意义。生态课程的魅力吸引了更多家长参与进来,随之而来的是家庭全员参与的大

图 3-18　家长讲座

好局面。每个幼儿和家长都可以成为生态活动的发起者和组织者,亲师幼在细细品味中感受共育、共研课程的力量,体味共成长的幸福。

正因为灵活把握每一次的共育、共研、共成长的机会,帮助家长深度理解活动的初衷和教育价值,并在互动中能够感受到给予幼儿、家长成长的真诚和智慧引领,使得园所的活动参与率逐年攀升。在每学期的家长问卷调查中,家长对于园所各项工作的满意率都是极高的。这充分说明家长们的理念逐步发生着变化,由被动接受到主动信任、参与、认同、支持。总之,通过各种各样的形式和渠道去传达园所的教育理念,让家长真正认同园所的教育理念,与教师达成理念共识,才能形成共同体的内核。

幼儿的童年只有一次,成长不能重来。要改变幼儿,父母必须先行改变。幼儿园亲子教育活动教师及其教育工作者正肩负着如此重任。亲子教育活动最终目的是通过指导幼儿来指导家长,让家长学会正确教育幼儿。

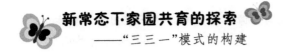

第三节 "亲师幼共同体"——"共研共育"

亲师幼共同体形成的主要目的是实现共同研究、共同教育,即教师和家长共同成为育儿活动的重要参与者、合作者与观察者。而幼儿则是亲师幼共育活动中的推动者、发起者和学习者。亲师幼在共研共育中,实现由片面配合到互动合作,由形式传统到多元创新,由表层收效到长远成效,真正发挥"共同体"的作用。在亲师幼以"共同的理念"为内核凝结成共同体之后,开启了共研共育的实践探索。

一、"共研"中孕育正确教育导向

共研——织密制度体系,完善共研共育体制:坚持入园约谈和新生家长会制度,制定完善的家委会、伙委会的参与制度、议事制度、管理制度、共研小组制度、亲师幼晨间活动制度、家长社团制度,使家长更好地了解、参与园所教育事宜。通过微信等信息网络平台创建家委会、伙委会、共研小组、家长社团,让家长真正参与到幼儿园管理和教育教学活动之中。

图3-19 新生家长会

共研——开展特色共研,形成共研共育机制。园所方面,在家长学校开设"指南"研学课程、亲师共读、"萨提亚家庭关系"课程、"隔亲教育"课程等,传递科学育儿理念,指导家长智慧陪伴幼儿,建立良好的亲子关系,引领构建良好的家风、家教。开展共研小组、沙龙活动,针对亲师幼面临的聚焦问题和困惑问题,教师和家长共同学习,共同研讨育儿理念和育儿经验及相关的教育方法。例如共研小组中针对幼儿的绘画作品,指导家长如何从儿童的视角去评价。通过合理的评价能够理解幼儿的真实想法,内心需求,还能帮助幼儿建立自信,同时能够正向激励幼儿大胆进行艺术的想象和创作,纠正了一些家长不当的评价倾向。针对绘本阅读,通过沙龙活动,帮助家长明晰绘本阅读的核心价值,阅读方法和策略,避免了只关注认字,简单了解故事内容等问题。转向对读图能力的培养,阅读氛围的营造,阅读习惯的养成,挖掘绘本多元教育价值,给予幼儿大胆想象和表达的机会等方面的导向。亲师幼共研阅读,幼儿阅读能力有了很大的提升。班组方面,依据各班组的需求开展各种教研活动,如小班组针对入园焦虑问题和班级文化建设,通过家长微信群、亲师辩论赛开展共研活动,中班组根据幼儿的游戏诉求组建区角共研小组,大班组则遵从幼儿兴趣,开办"家庭实验室"定期进行亲师幼教研活动。

图 3-20　家长绘本沙龙

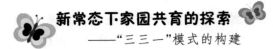
二、"共育"中发挥最大教育合力

图 3-21 亲子作品展示

图 3-22 亲师幼行为规范墙饰

共育——有形化作无形,打造无声共育:在环境文化塑造中,通过张贴亲子一起学习、游戏的照片,园所大屏幕滚动播出家长参与幼儿教育的视频,楼道悬挂张贴亲子作品,渲染亲子共学、共游戏的氛围。营造家长乐于参与园所教育教学,家园良好共育的氛围。来园时的温馨问候已经成为我们每天必不可少的一件事;离园时大型玩具的规定,家长、幼儿一起遵守;借用过的雨伞完好地物归原处;参加亲子活动前后会场秩序的遵守和场地的布置与归位,家长、教师主人翁的态度,都在潜移默化地影响幼儿。亲师幼的行为规范已经浸润在每一个宸宜人的行为中,自然而然地发生。

共育——亲师幼互通互动、实现教育合力:如园所坚持开展"晨间礼仪接待活动"。祖辈的加入,年纪虽大,一丝不苟;

怀孕妈妈的参与,值
得敬佩;工作繁忙的
爸爸的参与,更值得
点赞。亲师幼共同践
行文明礼仪,培养了
幼儿的文明素养,为
幼儿的一生奠基。充
分利用家长资源,开
展家长义工进课堂活
动,给幼儿传授各行
各业的知识经验,开

图 3-23　亲子图书馆活动

阔幼儿视野。开展家长半日体验活动,邀请家长来园和幼儿一起体验幼儿园
生活及教育教学;开展"亲子参观图书馆""亲子小兵营""亲子采摘"等社会实
践活动,引领家长关注活动每个环节的教育价值。家园目标达成一致,掌握其
中的共育方法,家长在活动中如何引导幼儿参与活动。结合幼儿的实际提出
有挑战性和开放性的问题,调动幼儿原有经验,激发幼儿的进一步思考。共同
实现幼儿社会体验的最终目标,保证教育初衷有效落地。开展家长社团活动,
以社团的形式参与幼儿园的教育教学活动。教学社团、后勤社团中家长、教师
共同拟定工作计划,依据制度,在社团团长的带领下有序开展工作。依据幼儿
的需要,做好活动准备以及活动后的反思交流,高质量地开展社团活动,为做
好幼儿教育服务努力。对于新插班的幼儿以及需要融合教育的幼儿,亲师幼
共同拟定迎新、融入活动方案,幼儿们在游戏和生活中展现出热情、宽容和大
气。积极主动和他们友好互动,帮助支持他们,和他们一起游戏,交流探讨。教
师、家长们给予幼儿正向引导,一起设计了很多有趣的,有爱的迎新融入课程
活动。在共构这些课程活动中,体现了园所的共育理念,体现了亲师幼对共育
的认同和信任。她们已经形成了不谋而合的默契,不点自通的灵气。这种共育
的氛围影响着每一个幼儿,让他们享受着来自这里的一草一木,一人一物的
真诚感动。

第四节 "亲师幼共同体"——"共成长"

通过亲师幼共同体的共研、共育研究,教师不再是家园共育的"责任人",家长不再是幼儿园教育的"局外人",幼儿不再是家园矛盾教育的"承受者",亲师幼共同成为家园共育的"受益者",亲师幼通过共同体去研学解决问题、达成共识、获得共成长。在成长的过程中,家园关系和谐共荣,师生关系温暖有爱,家庭氛围温馨舒适。家长、教师获得各方面的提升,幼儿在良性的教育环境中获得健康成长。

一、"共成长"中的教师成长

(一)师德为先

将师德建设摆在教师队伍建设的首位,师德,它不仅成为一种道德的提倡,更成为一种制度的规约。结合实际,通过师德大会、师德讲座、思政课程等培养教师。利用先进榜样、先进人物引领教师树立正确的人生观和价值观。利用身边的工作案例,尤其是网络上有损教师职业形象的新闻、视频案例等对教师进行警示教育,严格遵守幼儿教师职业道德规范。对于新入职教师,进行《幼儿园》《小人国》纪录片的学习,帮助新教师树立高尚的职业道德和职业信仰,做有专业情操和专业能力的教师。园所的师德教育工作成效显著,教师队伍的师德修养和无私奉献的精神逐步彰显。从每年

图3-24　师德师风培训大会

的新生入园意向就能够感受到家长和社会对宸宜幼儿园教师队伍的认可和肯定。在共育中体现尊重和理解，成为幼儿健康成长的启蒙者和引路人。结合节日活动，在与幼儿、家长的互动中审视自己的教育言行，不断进行工作反思，不断更新自己的教育观念。让园所教师团队充满正能量、积极向上，有爱、有担当。

(二)学习为重

教师在实践中不断地锤炼自己的工作能力，面对教师职业的复杂性和变化性，激励教师不断地学习与思考，不断地反思和改进教育实践，将理论与实践相结合，以"专业"的能力确保保教工作的科学性，并在实践中通过研究和学习不断提高专业能力。通过请进来、走出去的形式让教师拓宽视野，学习先进的理念、教育思想和专业技能。通过读书沙龙，培养教师的阅读习惯，提升专业文化素养。通过工作自省，让教师观看自己的工作视频，能够直观发现组织环节中的不足，并进行反思改进，对比工作，发现教师的进步。通过内省、激励提升教师的反思专业能力。

对于新教师的入职培训工作，发放新教师手册，帮助教师了解园所的理念和制度，尽快熟悉工作流程，掌握工作方法，在实践中反思，树立正确的教育观和儿童观。开展不同层级的师徒结对，让不同层次的教师都能够有所成长。依据园所发展规划，不同层级教师制定自身发展规划，结合教育教学工作进行交流和展示。园所制定教师培养计划，为不同层级教师搭建成长的平台，建立培养机制。目前园所培养出一名市级骨干教师、三名区级骨干教师、六

图3-25　新教师手册

名园级骨干教师。其中还有两名高级教师,两名区级责任督学,两名区级学科带头人。

教师在亲师幼不断交互中发现自己的不足,及时进行相关专业能力的提升,不断地学习、创新,了解和吸收多元化的信息,勇于更新各种观念,变更思维方式,形成以学习为重的理念。

(三)研讨为本

教育科研工作是幼儿园立园之本、兴园之策、强园之路。教学工作是幼儿园工作的轴心,而教育科研工作应是教学工作的核心。为此,幼儿园科研工作立足本园实际,围绕提高教育质量这一中心,组织教师开展多样化的教科研工作。理论及实践研究能力有了很大的提升,进而推动园所课程质量的逐步提高。课题组发挥引领作用,带动教师进行中国学前教育研究会"十三五"课题的实践研究。围绕课题个案研究、亲师幼共研、班风建设进行了深入的研究,梳理出了很多的宝贵案例和经验。尤其是"三三一"理念和"三三一"模式的提出与创建。在研究中对于相关理论的理解及与实践有效融合的能力得到

图 3-26 教师研讨

了发展。开展市级《指南》背景下幼儿文明礼仪教育的实践研究"。通过沙龙、小组研讨、参与式教研等多种形式提升教师课程研究能力。"我眼中的儿童""多元表达展示""案例研习""直击现场"等等,极大地激发了教师的教研热情,感受教研带给自己的成长力量。

从基于教育实践中的问题出发,强化理论学习,加强实践研讨,教师的研究能力得到了极大提高。掌握了课题研究的思路和方法,研究的专业素养得到了提升,课程领导力在开展的活动中充分体现出来。教师组织的课程活动、撰写的课程故事、学习故事有爱、有温度、有智慧。流露出教师日常实践、反

思、总结、提升的专业能力,体现了研讨对教师发
展的重要作用。多位教师的文章在刊物上发表;
多篇教育活动、论文、案例获得市区级奖项,多名
教师进行市区级经验交流。

研讨彰显了教师善思、善想、敢实践的学习
品质。教师的专业自信有所攀升,教育教学工作
更显丰满与轻松。

二、"共成长"中的家长成长

家园共育是每个幼儿园都在不断探索的教

图 3-27　刊物发表

育课题。幼儿园通过多渠道的沟通、对话、交流、合作,以多种形式调动家长参
与家园共育的积极性,合理开发家长资源并帮助他们树立科学的教育观念,
在促进家长成长的同时,促进幼儿的优化发展,使家园共育更具实效性。

(一)家长参与管理

提高幼儿园办园水平,家长最关心;了解幼儿在园的发展情况,家长有知
情权;改进和提升幼儿园的保教质量,家长有发言权。因此,我们非常关注家
长参与幼儿园管理的情况,
通过家委会、伙委会、家长
恳谈会、家长会、家长意见
反馈机制、省亲会、日常家
长互动中注意倾听家长的
心声,接纳来自家长的合理
化建议。例如:教育教学管
理、后勤安全管理、食堂伙
食管理、卫生保健工作管
理、招生工作管理等。让家
长成为幼儿园管理的重要

图 3-28　家委会

参与者,共同为园所的发展建言献策,家长逐步明确自身的责任担当,和园所协调一致开展管理工作。

(二)家长参与活动

组织家长参与幼儿园的活动,是家园合作的一个重要内容,也是现代化幼儿教育的发展趋势。幼儿园家长的参与是多方面的,如家长开放日活动、家长参与式培训、亲子活动、家长志愿者、家长义工活动等。在六一活动中,家长参与活动的组织形式,策划活动环节,承担活动项目的组织,是后勤保证的关键人物,形成园所活动中家长是必不可少的关键成员的局面。在家长开放活动中,家长不再只是负责观望、欣赏的局外人,而是养成教育、课程活动延展、深入进行的密切交流实践者,成为共谋幼儿发展的关键伙伴。家长义工活动中,家长的教育资源得到挖掘。在活动中能够深刻感受教师职业辛苦与幸福,同时能够发

图3-29 家长义工活动

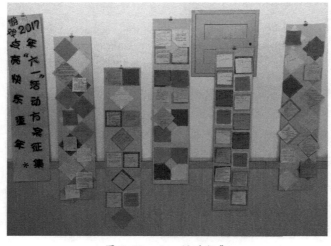

图3-30 六一活动征集

现幼儿的学习特点与发展规律,并由此改进教育理念,有效完成义工工作,实现真价值。

由让我参与,变我要参与,形成家园协同,共构活动,共参游戏,共谋发展的格局。家长明晰自身的共育责任,由被动变主动,增强了主体意识,强化了主动行为,深化了实践意义。

(三)家长参与评价

《幼儿园教育指导纲要》(以下简称《纲要》)指出:"教育评价是幼儿园教育工作的重要组成部分,是了解教育的适宜性、有效性,调整和改进工作,促进每一个幼儿发展,提高教育质量的必要手段。"还指出:"幼儿园教育工作评价实行以教师自评为主,园长以及有关管理人员、其他教师和家长等参与评价的制度。"把家长参与幼儿园教育工作的评价摆在了重要位置。在幼儿园开展的各项工作过程中,发挥家长参与幼儿发展评价、班级工作评价、幼儿园各项工作评价的作用。让家长参与园所各项管理工作的评价,参与幼儿发展的评价,参与教师发展的评价,参与幼儿园课程建设的评价等。例如幼儿成长档案的评价中,家长和幼儿一起制作成长手册,针对幼儿的作品、行为习惯、养成教育等进行评价。通过培训学习、实践研讨,家长理解了评价对幼儿发展的意义,就能够从客观的视角、儿童的视角进行评价。掌握了科学的评价方法,家长能够全面理解幼儿发展中的问题,成长与进步,并做出有效的陪伴计划和指导策略,助推亲子关系的和谐发展。

在参与评价过程中,家长的教育理念、教育专业水平发生了变化,与教师的协同力增强了,教育

图 3-31　幼儿成长档案

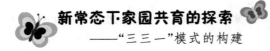

的思路和方向变得更加科学合理。

三、"共成长"中的幼儿成长

(一)正确应对幼儿的分离焦虑

新入园的幼儿情绪波动突出,特别是接送的时候更为突出。分离焦虑不是一件坏事,而是儿童在成长过程中出于对自身保护的一种能力,所以我们提到分离焦虑的时候不用太过于紧张和焦虑。分离焦虑是如何产生的呢?也就是说在我们生命的最初即幼儿出生的时候其实就是在和妈妈分离。当幼儿和妈妈分离的时候会本能地产生这样的恐惧,因此幼儿分离焦虑的种种表现其实都是在向母亲表达他的恐惧和情绪。通过亲师幼分离焦虑课程中的共构共建,教师和家长都能够深刻理解幼儿的这种情绪变化。正视此阶段的问题,通过有效的策略,帮助幼儿顺利度过关键期。

3-32 分离焦虑

其实幼儿是最大的受益者,她们能够很快融入集体生活,认识新的伙伴,开展有趣的游戏。迈好走向社会的第一步,做好第二次分离的充分准备,尽情享受成长中每一步的快乐。

(二)相信与赏识幼儿,培养自信品质

幼儿时期是各种能力初步发展的时期,自信与成功相伴,自卑与失败相依,所以幼儿期自信心的建立对他人生的成功起到关键的作用。所以必须从幼儿的点滴进步中给予表扬和鼓励,相信幼儿并让其完成自己力所能及的

图 3-33　幼儿织球网

事，让幼儿体验成功的快乐。而不是指责他们，更不要过分的溺爱他们。应该鼓励和相信幼儿，幼儿自然会产生自信，勇气和胆量也会随之而来。什么都想尝试，实践出真知，做得多了意识就得到发展和提高，使幼儿走

上了良性发展的轨道。幼儿做错了事或面临困难时，家长应想方设法给幼儿更多的自信心和鼓励，使幼儿懂得失败了并不意味着再也不能做和不能成功了。游戏中珍视每一个幼儿的作品，每一个幼儿的表达。尊重他们的个体差异，为她们提供不同游戏的材料，满足他们的不同需要，让幼儿在最近发展区中体验成功。户外游戏中羽毛球网破损了，幼儿组成小组进行球网的编制。制作后，幼儿们在应用中发现球网太窄了，于是进行修改，最终达到了最佳效果。演讲活动中，小班的幼儿也能自信地站在台上表达自己的心声。对于班级植物的意外死亡，幼儿没有沮丧，而是积极投入到探究植物死亡的原因中。在亲师幼的共同努力下，幼儿的自信心逐步增强，为全面成长起到推波助澜的作用。

(三)幼儿的天性得到了释放

幼儿园和家庭应是幼儿的家园、乐园、花园，在环境的创设过程中，我们从幼儿的观察视角入手，亲师幼共同创设处处皆精品、充满童趣、充满交流和互动气息的、丰富多彩的物质环境。幼儿与自然有着一种天生的亲近感，对大自然充满兴趣。"顺导其志趣，调理其性情"为幼儿建造精美的充满自然情趣的院落景致，最能激发幼儿主动参与活动的兴趣。同时园所更加关注营造和

谐、自主、开放的精神环境。时时处处，人人物物中皆有幼儿，让幼儿在体验中感知、成长。

户外自主游戏、区角游戏、社团活动、远足活动等都渗透着培养幼儿自主游戏、自主生活的理念。幼儿在一日生活的体验中逐步培养自主的意识和处理问题的能力。教师指导的专业性、家长陪伴的有效性、环境的自然性、氛围的和谐性、材料投放的层次性、课程设计环节的趣味性、问题的开放性，都成为幼儿释放天性的根本。幼儿明理有礼，在生活中内化于心，外化于行，得到夸奖和称赞；游戏生活中幼儿在遇到问题时，能够积极思考解决问题的方法。团结协作时能够积极协作，互相配合。伤心烦恼时能够积极寻找办法，帮助自己忘掉不开心的事物。开心快乐时懂得和大家一起分享。游戏学习时有自己的发现和思考。表达交流时敢于表达自己的观点。只有幼儿的天性得到了释放，幼儿的潜力才会得到充分彰显。

图 3-34　给篮球打气

第四章　构建新常态下家园共育新模式
——"三三一"模式

第一节　"三三一"模式来自实践的凝练

一、迎接新建园新挑战

由于园所是新建园所，教师群体大多是刚刚毕业的大学生，园所的设施和师资力量极为薄弱，而园所辐射的小区中的幼儿人数众多，家长既对园所的教育质量保有期待，又持有怀疑态度。因此，园所面临着严峻的考验，园所实施的幼儿教育该何去何从呢？

园长是一位有着三十多年教育经验的资深幼教人，她认为要办好幼儿园的幼儿教育，必须走家园合作路线！在基础设施配备不齐、师资薄弱、幼儿人数较多、家长不信任的多重困难之下，如何打开局面呢？园长提出，要敢于承认现实、面对困难。园所向家长们坦诚园所目前的困境，同时也向家长保证：基础设备不齐，可以动手做，教师实践经验不丰富，可以不断组织教师学习，总之，园所给予家长的承诺就是"用一颗真心全心全意对待幼儿"。在这种真诚的态度之下，园所开启了"破冰"之路！

在开园之初，幼儿园由于某些客观原因，不能按时开学。可是招生工作已经结束，第一届的 150 多名幼儿都在等待入园，怎么办呢？于是园所和家长进行协商，并与辐射小区的社区进行协调，每周在社区进行亲子活动。为了让每

次的亲子活动发挥出最大的教育价值,园长带领教师深入教研,一遍遍研课,争取用专业的教育赢得家长们的初步认可。通过一个多月的亲子活动,家长们看到了教师对待幼儿的耐心与爱心以及对待家长的真诚,家长们越来越喜欢带幼儿来参加亲子活动,并逐渐和幼儿一起参与到活动中来。

在经历了长达近一年的亲子活动之后,第一届幼儿终于能正常入园,但是由于人员有限,园所保健医人手不足,晨检需要排长队等待,当时一位小五班的幼儿家长了解到园所的困难之后,主动找到园所领导,向领导说明自己是教师出身,掌握一定的医学知识,申请当幼儿园晨检的家长义工。园所的保健医需要每天不到七点到岗,很是辛苦,想询问家长能来几天,这位家长说:"园长,您知道我为什么要申请当家长义工吗?我们孩子对大部分食物都过敏,手上一年四季都皲裂,但是自从入园以来,孩子没有出现过敏的现象,皲裂的手护理的很好,孩子也在幼儿园交到了好多朋友,每天可开心了,我真的很感动教师对孩子的细心呵护,所以不论晨检多早,我都愿意尽我所能,为园里做贡献,尽份心力!"就这样,这位家长把幼儿送进班里就在晨检处帮家长记药,坚持了一年。

家长们感动着教师的付出,教师也感动着家长的理解与配合,而这一切,都是为了我们共同的目标,让幼儿在家长和教师的共同呵护下,快乐健康成长!

二、来自实践的"三三一"模式

在园所步入正轨之后,我们遵循园所的教育理念,引领幼儿以游戏为中心,开展各种有趣的活动。家长们觉得活动举办得很有意思,但有时无法真正领会其蕴含的教育价值和意义,这时幼儿的表现和成长,便是游戏活动价值释义的最佳代言人!

如:在"娃娃家"的角色游戏中,"娃娃"总是被幼儿扔到地上,怎么才能让幼儿真正融入角色、学会照顾"娃娃"呢?于是教师就发起了"娃娃漂流记"活动。让幼儿通过观察自己的爸爸妈妈、爷爷奶奶照顾自己的样子,学会照顾娃娃。最初,家长们没有太在意,觉得娃娃只是幼儿的一个玩具,把"娃娃"带回家只不过是多了一个玩具而已。随着"娃娃漂流记"活动深入进行,教师不断组织幼儿讲述自己是"谁"、是怎样照顾娃娃的、你是和谁学的、你应该怎么感谢照顾自己的人等问题,引导幼儿学习如何关心别人、学会感恩,学会具有责任感等。当家长们看到孩子不仅给娃娃吃饭、洗澡、读书,还带娃娃去逛公园、去买菜,家长们仿佛看到了自己照顾幼儿的身影,感叹孩子变得细心和懂事的同时,也感受到自己的言行对幼儿产生的巨大影响。于是,家长们认识到这不仅是游戏,更是一场关于"爱与责任"的教育活动。许多家长最后也开始和幼儿一起照顾娃娃,和幼儿一起融入有趣的游戏之中,在游戏中去发现教育契机,引导教育幼儿。

在教育实践中,亲师幼三者互相配合、互相影响、互相促进的例子还有很多。在总结梳理家园共育工作经验时,不难发现在各种教育事件和活动中,亲师幼三者是一个整体,缺一不可,亲师幼共同体逐渐显现。在梳理成功的教育活动和案例时基本都是通过"亲身体验、受到感动、逐渐信任、达成认同"在先,之后家长才能认可教师的引导、积极配合、主动参与,最后进行交流反思、调整提升。因此在不断的实践反思中,"三三一"理念和模式随之应运而生。

在"三三一"模式中,第一个"三"指的是"亲、师、幼"三个主体,即亲师幼同为主体;第二个"三"指的是"三共",共研、共育、共成长;"一"指的是"一个研学共同体",其具体的模式实施步骤为:体验—感动—信任—认同,引导—配合—参与—主动,交流—反思—调整—提升。这一模式如何指导实践工作,将在下一节进行具体阐述。

第二节　"三三一"模式实施步骤

"三三一"模式,是一个三个互为主体相互作用,通过共研、共育、共成长的方式,逐步形成一个研学共同体的过程,这种家园共育的模式,一般都要经历以下步骤:

新常态下家园共育的探索
——"三三一"模式的构建

一、体验—感动—信任—认同

《纲要》指出：家庭是幼儿园的重要合作伙伴。应本着尊重、平等、合作的原则，争取家长的理解和主动参与，并积极支持帮助家长提高教育能力，幼儿园应与家庭、社区密切合作，与小学相互衔接，综合利用各种教育资源，共同为幼儿的发展创设良好的条件。

虞永平教授在《家园共育的核心理念和现实关切》的讲座中提出：学校教育与家庭教育应协调一致。共育之"共"，不在时间，不在空间，我们追求的家园共育，不是让家长到幼儿园里来，共育之"共"在于精神，在于双方有合作和协同的意识，这才是家园共育工作的本质。

如何将表面上时间和空间的共育，转变成"精神之共"，让家长产生家园合作和协同的意识？将幼儿园正确的理念让家长认同？怎样使经验比较匮乏、刚刚大学毕业的年轻教师赢得家长的信任，满足家长对幼儿园教育的高质量、高要求呢？为解决这些问题，园所做了如下尝试：

第一，通过多层次的培训提升教师队伍专业能力。虽然教师多为非专业，且年轻经验少，但是他们拥有对幼教事业的爱和超强的学习能力。优秀园所的跟岗培训、专家教授的专业指导、实践学习的园本教研，这些举措使教师的专业能力得到快速提升。

第二，把握所有活动的机会，让幼儿和家长体验园所教师的真诚、努力，以及对幼儿的关心和爱，感动于每一次活动教师的用心、投入、耐心的服务，让幼儿喜欢教师、依恋教师，让教学成果在幼儿身上看得见，从而在家长心目中树立专业形象，建立信任关系。园所从亲子活动入手，将每个幼儿在亲子活动中的表现记录下来并通过家长会回放给家长，让家长看到幼儿与教师互动中快乐自然的表现，解读亲子活动中教师、家长与幼儿行为互动中反应的教育观念、教育行为的意义和导致的结果，让家长感受到家园协调、实现共育的意义和教育价值，进而解读和传递园所理念，增强家长的共育意识，认同共育的理念。

第三,利用家长学校、家长开放以及各项活动,促进三个主体互动,使园所理念得到自然浸润,使幼儿行为、家长观念与教师教育行为同向,为"三三一"模式的建立奠定了坚实的基础。

通过专家讲座为家长诠释科学的幼儿教育观和良好的养育方式,解读家园共育的重要性,提升家长对幼儿园科学理念的认同,进而增进对班级教师和幼儿园教育的信任与主动支持。

针对小班入园焦虑,园所与家长研讨,并达成共识,将9月作为入园适应月。

1.幼儿作息递进。从两小时活动无餐点——半日活动加餐点——整日活动餐点加午饭无晚饭——整日正常作息逐渐延长时间。

2.亲子活动距离由近到远。从第一天进园的"找班游戏"家长陪伴幼儿、创设班级环境家长在旁辅助幼儿、游戏活动家长座位远离幼儿、"捉迷藏"游戏家长短时离开幼儿,到整日托送时幼儿已经逐渐建立起对教师的依赖关系,幼儿能快乐参与游戏,从而大大减少分离焦虑和入园期幼儿生病的现象。

其间,家长看到幼儿的进步,体验到共育的意义,他们克服了很多困难,为了幼儿,主动配合,积极参与,使幼儿顺利度过入园初的分离焦虑期。

二、引导—配合—参与—主动

将"三三一"模式逐步渗透于幼儿园各项工作中,并通过形式多样的活动项目进行传递、浸润、深化、延展,在亲师幼共研、共育中,引导家长转变观念,从配合教师、参与共研共育——逐步成为活动组织中重要的合作伙伴,共研共育的主动发起者、实施者,而幼儿则是亲师幼共研活动中的推动者、问题的提出者和活动的实践者,使共研共育由被动到主动,由片面配合到有效合作,由单向互动到三主体交互促进,构建良性教育生态。

为每个班配发了10本《3-6岁儿童学习与发展指南》(以下简称《指南》)解读,由园长、骨干教师、班级教师、家长及其幼儿自愿报名,共同组成了践行《指南》亲师幼区角共研小组,我们就不同的游戏材料、不同的活动形式、不同

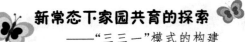

的指导方法进行共研,这种多元共育的过程,尊重了家长自我角色的构建、提升了家长自我效能感,让家长从"被邀请""让学习"转化为"要学习""想参加"积极投入共研共育活动。共研小组的指导者及时收集整理来自家长、教师、幼儿行为表现的反馈,对研学状态进行感召、激励,并进行适时有效的指导或聘请专家进行引领,使亲师幼研学的内驱力不断提升。

(一)主题架构的活动中践行"三三一"模式

针对新小班入园焦虑问题,探索出时间策略、空间策略、渐进性作息策略、游戏课程策略,以此让幼儿对幼儿园、对教师从陌生到熟悉,从疑虑到信任,从有距离感到有安全感。为亲师幼良好的关系奠定基础。

在班级文化建设中,从小班适应期开始开展"三三一"模式。将共同的教育价值取向(核心价值观)融入班级工作,物化在日常行为中,延展到家庭教育中,通过讨论,加以提升,凝练成班训、班风、班花,并将其寓意与精神品质自然融入幼儿的一日生活、区角游戏、集体教育活动及家园共育之中。如:亲师幼共同参与的晨间礼仪接待活动,从建园开始一直坚持到现在从未间断,家长和幼儿也在此活动中感受到亲切的微笑、鞠躬礼、大声说出"早上好"对每个幼儿与每位家长的教育意义,同时对有"选择性缄默"交往障碍的幼儿产生了特别的效果。"三三一"模式的运用,使班级文化在润物细无声中逐渐形成,成为亲师幼凝聚在一起共研共育共成长的有效滋养液。

亲师幼共同体形成之后,开启亲师幼共同体的共研共育模式。家园携手、智慧碰撞、共研共进。通过家长学校的"指南"研学课程、"萨提亚家庭关系"课程、"隔亲教育"课程共研教育理念;依据焦点问题组建"娃娃家"游戏、益智游戏、建构游戏、阅读游戏、晨间活动等共研小组。亲、师、幼,互为共研小组的主体,共同对研学状态进行感召、激励,亲师幼研学共同体的内驱力不断提升。

亲师幼研学共同体在共研共育过程中,三主体的研学能力水平不断提升。秉承生活即教育的理念,以"生活化课程"为抓手,让亲师幼三者共同融入。自然实现文明礼仪教育、情绪情感认知、种植全收获课程、生态科学探究等课程研究,还尝试通过创建书香家庭、家风建设、"家庭科学实验室"等活动,将园所教育活动延展到家庭中,让家庭教育与幼儿园教育深度融合,拓展

图 4-1 哄"娃娃"睡觉 　　　　　图 4-2 给"娃娃"读书

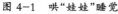

"三三一"模式的效用广度。

(二)问题导向的活动中践行"三三一"模式

针对教育教学的实际问题,亲师幼一起研学解决,进而共同进步。

如:针对小班"娃娃家"幼儿没有角色意识的问题,亲师幼共研"宝贝计划"游戏。创设"晚上和六日宝宝没人照顾"的情境,与幼儿讨论解决办法,允许幼儿轮流将"娃娃"带回家,家长则担负起幼儿"祖辈"的任务,在游戏中演绎生活情境,吃饭、洗澡、睡觉等。幼儿当爸爸或妈妈,把"娃娃"照顾得非常细致。亲师幼共同沉浸在游戏中,并以游戏现场照片及视频的形式进行反馈及交流。"娃娃"从备受冷落到加倍呵护,提升了幼儿的角色意识;共研游戏中有体验、反馈、交流,为亲师幼共研水平的提升积累了经验。

如:针对益智区幼儿受经验影响,出现能力不足、兴趣性欠缺的问题,在共研中教师允许幼儿把幼儿园的玩具带回家,与家长共同游戏,创造出许多新的玩法,不仅增加了幼儿家庭教育的亲子陪伴时间,互动方式,同时增强了幼儿的自信,树立了幼儿在同伴中的威信,还为其他幼儿在园的区域游戏提

供了参照。园所在家长自愿报名的基础上,成立了晨间户外游戏共研小组、阅读区共研小组、美工区共研小组、建筑游戏共研小组、益智游戏共研小组、角色游戏共研小组等亲师幼研究共同体,激发了教师、家长、幼儿的研学兴趣。针对不同的游戏材料、不同的活动形式、不同的指导方法的共研,引领家长从关注幼儿为一年级做准备转变为关注幼儿的长远发展和素质养成。

再如:户外幼儿卫生间的防蚊蝇问题,从幼儿、教师共研招募海报到亲师幼共研解决策略,再到共研门帘制作方案,还有方案执行、成果应用过程中遇到的艺术、科学等方面的问题,亲师幼都在共研中不断推进共研进程,优化共研生态圈。

总之,在不断解决幼儿实际生活问题之中,"三三一"模式正在逐渐形成良性教育生态的隐性建构驱动,并在良性教育生态的滋润下不断成长、进步、发展。

(三)课题研究活动中践行"三三一"模式

园所在课题、专题,以及园本课程、游戏的研发等方面,引入"三三一"模式,让亲师幼共同成为教科研的参与者、研究者、受益者。

1.基于自然生态课程的"三三一"模式运用。"巧数石榴""我和辣椒的故事""我和冬瓜有个约定""生活中的测量"等生态课程中,亲师幼在经历种植、管理、收获、品尝、制作等整个过程中,共同获得多方面的经验和能力,同时还收获爱、感动、快乐等。他们品尝的不仅是美味,还有收获的喜悦和成长的幸福。家长们惊喜地发现:在自然中、在生活中,幼儿们的学习变得如此轻松、快乐。看似玩玩乐乐,其中蕴含的知识是无限的。亲师幼成长的内驱力、研学共同体的生态内涵逐渐凸显。

2.基于去小学化课程中"守时观念"建立。针对幼小衔接和去小学化的要求,园所实施"生活化课程",让中大班的幼儿从入园签到开始,学会自主自理,懂得珍惜时间,乐于倾听合作、敢于提问探究、愿意遵守秩序、树立集体意识……"一分钟有多长?一分钟能干啥?""我的时间我做主—自制沙漏"等系列活动,在互树榜样、共定计划、生活践行等过程中,提升了"守时观念"和研学水平。

三、交流—反思—调整—提升

利用现代化手段拓展"三共"空间,使亲师幼在研学共同体中发挥积极效应。如:"三共理念"下共研、共育的故事分享,促进共研共育在交流中提升水平。让班级微信群充满正能量,反思沟通方式方法,营造健康积极的微信群,成为共研、共育、共成长的平台;再如,定期截取班级视频画面,让教师通过反思,优化日常教育行为,提升专业素养。

学习是在互动中发生的,教师、家长不断支持幼儿在游戏中的持续深入的学习,在互动中助推课程的深入纵深发展,为深度学习提供了保障。教师、家长、幼儿在共研中被激发出热情并提升了能力,这些都令人惊叹。亲师幼共研案例活动的交流分享,使亲师幼共研活动不断延伸。共研、共育工作成为幼儿园不断前进和可持续发展的不竭动力。"三三一"模式逐渐成为让教师、家长团队科学育儿水平迅速提升的有利法宝。

第三节 "三三一"模式在实践探索中显成效

一、家园共育特色初显

在幼儿教育中亲师幼三者同为主体,缺一不可,三者在幼儿教育过程中应该是"共研、共育、共成长",这是"三三一"模式创生的基础。"三三一"模式中幼儿、家长和教师互为主体,三方合力共建一个研学共同体,共同进步成长,这就是一个良性的教育生态。在这样的良性教育生态中,家园关系融洽、幼儿全面发展、教师专业能力增强、家长育儿水平提升,这是"多赢"局面,有效解决了园所家园共育中的新常态问题,家园共育特色显现。同时,"三三一"模式的创生,对于丰富家园共育模式研究成果、推动幼儿教育理论的发展起到了一定作用。

二、园所保教质量提升

幼儿园只有和家庭建立良好的家园关系,形成教育合力,实施家园共育才能更有效地促进幼儿身心的全面、健康发展。"三三一"模式将生态学引入学前教育领域,即把幼儿园作为一个教育生态循环的场地,将影响幼儿发展的亲、师、幼因素看成是幼儿园教育生态系统中的互相作用的生态教育因子,通过促进师、亲、幼三生态因子"有爱""有温度"的互动促进幼儿的成长与发展,营造良性教育生态,这是促进幼儿园保教质量的提升的创新之举。

三、"亲师幼"成长显著

在亲师幼共同体的作用之下,亲师幼明确了自身的主体地位,三者互相尊重、互相支持、互相促进,都有了很大的转变和进步,如家长的教育理念转变,对园所的教育理念认同度提升,家长从被动配合到主动参与,家庭教育水平和能力提升。如:爸爸能积极参与到幼儿的教育之中,亲子关系、家庭关系和谐、幸福指数得到提升;教师的专业指导水平逐步提高,逐渐形成一支年轻的、有教育情怀、有智慧真爱、有奋进精神的教师队伍。园所的教育品质得到提升的同时赢得了幼儿的爱戴、家长的满意和社会的认可;幼儿在园的快乐指数提高了,各项能力稳步发展,良好生活习惯养成度提升、个性品质向好发展,概而言之,教师、家长、幼儿每个主体都在进步和成长。

第五章　构建新常态下家园共育新方法
——"三三一"模式下的活动

第一节　"三三一"模式下的生态活动

　　幼儿园生态教学提倡尊重幼儿的生命,尊重幼儿的人格,尊重幼儿的生长发展规律,遵循"健康融于自然,成长源于体验"的教育理念,从"人与自然""人与人"两个方面,营造一个和谐的教育环境,让幼儿在美丽、和谐、生机盎然的教育乐园中快乐、健康成长。生态教育成为当前教育的趋势和重要内容,结合园所实际挖掘空间价值,亲师幼共创生态种植环境,共生课程活动,共建生态课程体系。

　　幼儿园的生态种植活动因其自然、生动、丰富深深地吸引着幼儿。幼儿能够亲手种植、亲自管理、亲眼发现、亲历成长,实现了自然课堂下真实经验的

图 5-1　生态植物园 1

主动获得,这也是幼儿园科学探究活动的重要组成部分。

一、亲师幼共创生态种植资源

亲师幼从儿童的视角,共同依据园所的实际空间,有效挖掘环境资源。开辟园所种植探索区、班级种植体验区、农家小院游戏区等区域。种植的空间都交给幼儿和家长、教师。给予他们充分的自主权,让他们共同规划,共同商议。有了自主权,幼儿活动的参与积极性大大提高。果实类植物,草本类植物,环绕在教学楼的四周,为幼儿们全方位的观察探究创造了条件。美丽的紫藤、葡萄架围绕农家小院交织共生,营造了温馨的田

图 5-2 生态植物园 2

园环境。一年四季瓜果蔬菜更迭种植,轮番上鲜。园所的生态植物园生机勃勃,充满了向上的力量。亲师幼共同参与设计的环境让幼儿回归自然,精心的绿化管理能促进幼儿进入深度学习。宽松的和谐的自主环境和丰富的物质资源环境为生态活动课程提供了坚实的保障。共创的生态种植环境疏密有致,色彩缤纷。

二、亲师幼共创生态课程体系

种什么?种哪里?怎么种?如何照顾植物?如何解决种植中的各种问题?如何收获?所有活动教师都在用专业的眼光引领幼儿和家长共同挖掘课程资源,不断丰富课程内容,延展课程内容。亲师幼开展讨论会,探讨什么季节应该种什么?反思会交流种植在两个地方的植物为什么长得不一样?小麦用什么工具收割更好呢?基于问题导向,项目小组研学活动应运而生。

开展有儿童参与的植物园活动课程交流分享。教师创编《春到宸宜》散文

诗,录制园所春天的植物景象,引发幼儿们的兴趣,满足他们对植物园的好奇心。幼儿们饶有兴趣地接龙续编了《春到宸宜》散文诗,表达了对宸宜幼儿园春天的美好向往。针对植物园,教师和幼儿开始了一场空中的研学。结合麦子被小鸟偷吃的问题,幼儿们开展了保护麦子的研学行动。利用风车、盖上遮阳网或做个稻草人等办法,衍生出区角建构割麦机、割麦子舞蹈、磨面游戏等。围绕幼儿园里的植物:向日葵、草莓、水萝卜、蒜苗,开展探究气象与植物的成长关系、种子博物馆、树叶等主题探究活动。亲师注重五大领域的有机融合,焕发活动的价值魅力。摘石榴活动、数丝瓜活动、运南瓜活动等,让幼儿感受到生活中的数学和艺术的美,语言、社会性的发展自然渗透其中,一切都是自然而然地发生。

图 5-3　生态植物园 3

图 5-4　生态植物园 4

　　幼儿园植物园里的植物成熟了,有冬瓜、辣椒、红果、柿子、茄子、红薯、葫芦等,幼儿对植物充满了好奇,这些植物的果实是怎么长大的呢?教师和家长一起带领幼儿探究植物的生长变

图 5-5　生态植物园 5

化。让幼儿了解植物的生长需要什么样的条件。幼儿通过采摘果实,真切地感受到果实的存在;切开里面会是什么样呢,教师和幼儿一起来探索;这些果实可以做成什么美食呢,亲师幼开启一场植物园探究之旅。如"种子的变化""植物生长靠什么""冬瓜大卖场""冬瓜大变身""舌尖上的美食"等。教师让幼儿

们把果实的种子带回家,让他们通过这些科学探究活动,与家长一起了解种子的生长、植物的变化,并把果实变成美食,与幼儿们一起品尝。所有活动的每个细节都基于儿童的视角以及科学的教育观和课程观。亲师幼在共建课程

图 5-6 生态植物园 6

中不断发挥自身的作用,形成良好的共创课程环境,保证了课程资源的丰富性、多样性、多元性,课程内容的科学性和合理性,课程实施的有效性和深入性。形成了园所生态种植园本课程,成为不同年龄段的课程体系,为后续教师深入开展生态课程实践研究做好了前期的准备工作。

三、亲师幼共生共长

亲师幼共同参与植物园的管理和劳动,体验自主开放的理念。幼儿们在植物园的春夏秋冬中探索植物生长的奥秘,感受生命的成长。用心记录着春耕、夏长、秋收、冬藏的成长历程。教师和家长根据四季的变化与幼儿一起生活、游戏。植物园里的一草一木,在亲师幼的眼中都是极其宝贵的课程资源。生态种植活动让幼儿初步感知与自然的关系,发现自然的价值,培养向上向美的品质,让幼儿与自然建立有效的连接。让幼儿的生命在自然地探究中得到滋养。让幼儿与世界建立温暖而美好的联系。家长和教师在陪伴幼儿的过程中理念不断提升,专业水平能力不断提高,专业智慧不断凸显,这充分体现了虞永平教授的全收获理念。亲师幼携手共进,共续动人的课程故事,让幼儿园的每一寸绿色都呈现出意义和价值。

课程案例一:《亲师幼共赴南瓜奇妙之旅》

中三班 魏颖慧 胡安然

1.南瓜大卖场

中三班对南瓜宝宝的探索已经接近尾声,班里还剩下五个大南瓜。

图 5-7　幼儿在调查南瓜市场

幼儿们开始讨论："剩下这五个南瓜怎么办啊？""要不咱们把它们卖了吧！前几天大班的哥哥姐姐就卖了。""好啊好啊！"那到底该怎么卖南瓜呢？皓皓说要大声吆喝："卖南瓜喽，卖南瓜喽！"他在菜市场见到卖菜的阿姨是这么喊的。那应该卖多少钱呢？"卖十块钱一斤。""卖一百块钱一斤。"小朋友七嘴八舌地说了起来："啊？那么贵！肯定没人买。"

教师说："那应该卖多少钱呢？"

于是一场亲师幼南瓜奇妙之旅开始了。

卖南瓜活动步骤一：南瓜市场调查。

带着这个问题，幼儿们一大早就起床"秘密潜入"市场亲自做了市场调查。市场叔叔阿姨起得好早啊，他们真是太辛苦了，小朋友们可要珍惜粮食啊。呀！南瓜在这里，哦！原来啊南瓜

图 5-8　幼儿称南瓜

图 5-9　设计售卖南瓜的海报

图 5-10　模拟南瓜售卖会

图 5-11　南瓜售卖正式开始了

是三块钱一斤!

卖南瓜活动步骤二:神奇南瓜称重。

教师和幼儿们将切成小块的南瓜放在秤上称重,大家齐心协力,一起来称重,来来来,称下这块南瓜多重。很快我们把要卖的南瓜全部称好了。我们将南瓜的重量和价钱写在纸条贴上,圆圈里面的数字是价钱,我可得记清楚。

卖南瓜活动步骤三:售卖海报我来做。

"我上次看大班的哥哥姐姐的冬瓜店都有自己的海报。""我在超市也看见过。""对,那我们也做一个吧!"幼儿们分成六个小组,每个小组都有自己的店名和设计的海报。

看看我们设计得多认真!

卖南瓜活动步骤四:模拟南瓜预售会。

幼儿们先在班里开展了小型的南瓜售卖活动。教师先帮助幼儿们熟悉买卖的场景,并请来中二班小朋友来当小顾客。"快来买南瓜,又大又甜的南瓜!""快来买,纯天然无污染自己摘的南瓜。""这块南瓜三块钱一斤,没带现金可以扫二维码支付。"幼儿们对微信支付并不陌生。

看！小型的南瓜超市，热闹极了，讲价是不可能的呦！

卖南瓜活动步骤五：南瓜售卖会，开张啦！

南瓜大卖场正式开业了，幼儿们的爸爸妈妈们也来帮忙，幼儿们都早早准备好要迎接他们的顾客了。他们一个个热情高涨，吆喝声此起彼伏，"又香又甜的大南瓜，快来买呀。"顾客们很快来到了幼儿的大卖场，不一会儿南瓜全部卖完了。

教师总结：此次卖南瓜活动，以幼儿为主体，让幼儿亲身体验，实际操作，合作探究。既丰富幼儿的社会经验，锻炼幼儿的语言能力和交往能力，又体会了数字在生活中的实际应用。卖南瓜的活动结束了，预示着新的活动又要开始了，幼儿们收获了人生中的第一桶金，这笔钱该怎么花？我们还会开展延伸活动。

2.幼亲共享美味南瓜饼

幼儿园的小菜园又到了一年一度的丰收季节，冬瓜、南瓜、辣椒等各种蔬菜都到了采摘的季节，中三班今年采摘的蔬菜是南瓜。在教师的带领下，幼儿们了解了南瓜的营养价值，并亲自和教师们一起参与摘南瓜的活动，收获了许多知识。

图 5-12　摘南瓜

某名幼儿家长写道：今天，孩子在幼儿园摘了一个南瓜，老师要求制作有关南瓜的菜肴，体会自己制作美食的乐趣，这个主意棒极了，我和孩子决定一起制作美味的南瓜饼。

首先，南瓜去籽、称重、洗净、切小块放在碗里上锅蒸熟。

然后在蒸南瓜的过程中，准备好其他材料：糯米粉、砂糖。南瓜蒸熟后趁热用勺子背面把南瓜压成泥状，并将白砂糖加入南瓜泥中搅拌均匀。这个步骤可以让孩子自己动手搅拌，看着搅拌好的南瓜泥孩子笑得开心极了。

加入糯米粉、一边加一边搅拌，这个过程一开始很简单，随着糯米粉的逐

图 5-13　加入白砂糖　　　　　　图 5-14　搅拌南瓜泥

渐增多,搅拌的力度越来越大,这个过程中幼儿可以和家长一起完成。

　　将南瓜面团分成许多小面团,用手将小面团揉成圆形、压扁,再黏上一层糯米粉。

　　最后在烤盘上铺油纸,把南瓜饼排列放好,并在南瓜饼表面刷一层油,撒上黑芝麻并放入烤箱中。

　　刚刚出炉的南瓜饼很烫,孩子迫不及待地说:"妈妈,我要吃南瓜饼,看着真美味啊!这是我自己做的南瓜饼,好想吃啊!"南瓜饼终于晾凉了,孩子吃得很开心,为自己制作的南瓜饼点了一个大大的"赞"。

　　教师总结:在这个活动中,亲师幼对活动目标一致认同,形成积极有效的课程体验,并共同建构课程内容,不断丰富课程内涵,在园所理念的共同依托下,让课程意义看得见。

第二节　"三三一"模式下的安全教育活动

生命安全是幼儿健康茁壮成长的基础,保证幼儿生命健康安全,提升幼儿安全防护意识是家、园教育的重要内容。由于3—6岁幼儿社会性发展还未健全,心理上比较单纯,具有强烈的好奇心和同情心,容易出现只顾当前感受而不考虑后果的行为,具有跟陌生人走的潜在风险。现今社会虽然人们整体素质提高,但仍然存在一些不法行为,那么如何家园携手共同提升幼儿防拐骗意识,增强自我保护能力呢?

一、我们来点真的吧

考虑到儿童身心发展特点,他们更易从游戏、真实的生活体验中获得知识与经验,来丰富自己的知识体系和社会认知。园所后勤安全部门教师利用校园 LED 大屏向家长宣传防拐骗知识引起家长重视,并在此基础上借助网络,以发放调查问卷的方式征求家长意见。如:如何提升幼儿的防拐骗意识?提升幼儿安全防护能力的意见? 家长们都积极配合及时给予反馈。教师经过梳理反馈资料,在考虑幼儿特点以及家长建议的基础上拟开展以"不上你的当"为主题的安全防拐骗演练活动。

二、我们分头行动哦

在确立进行安全防拐骗演练活动后,家园积极行动,确保演练效果,达到演练实施目的。

首先,以班级为单位招募家长志愿者。有了前期的宣传和意见征集做基础,招募通知一发家长们均纷纷积极报名,有爸爸、妈妈、爷爷等。为促使情景演练活动效果真实有效。最后选择了其中五位家长来作为"拐骗幼儿的坏人"。家长朋友们为了更好地配合此次安全教育活动,不惜请假。

图 5-15 反拐骗知识,我知道!

其次,召开防拐骗演练预备会,邀请家长共同制定防拐骗演练方案。家长为了更加完美地配合演练活动,早早来到了幼儿园,认真参加演练预备会,积极商讨拐骗方案及安全细节部署。大家分别根据大、中、小班幼儿的年龄特点设计不同的"拐骗"方式,家长友情扮演"骗子"角色,一场精心策划的"拐骗"已在眼前。根据演练预备会制定的防拐骗方案,大家分头行动,确保演练达到最佳效果。

图 5-16 防拐骗演练预备会

(一)园所方面。1.后勤保障部门。成立以园长为组长的防拐骗演练工作小组,高度重视此次情景演练活动。同时为防拐骗演练活动提供必要的人力物力支持。2.教师方面。教师进行安全教育活动,在课堂活动上,教师采用多种丰富、生动的教学方式,通过讲故事、教育案例、看视频等方式,教育儿童不要自己一个人到偏僻的地方玩以及与陌生人交往的正确方式和方法,让幼儿们明白,外出时不能跟陌生人走,要时刻紧跟大人,给予幼儿一定的防拐骗常识。

(二)家长方面。1.保障演练效果方面。家长根据角色分工,掌握该年龄段幼儿的身心特点,并根据该群体特点,精心准备让幼儿"上当受骗"的道具、语言以及服饰等。2.做好自己幼儿的安全教育工作。在园所开展防拐骗主题教育活动期间,家长在家里接棒园所的防拐骗教育活动,如让幼儿熟记家人的电话号码,和幼儿开展亲子互动模拟被骗子拐骗时的场景,幼儿通过亲身体验加深了防拐骗知识的内化等。

(三)幼儿方面。经过园所和家长一系列相关的防骗知识教育,提升了对拐骗行为的辨别能力,增强了自我保护能力。

2019年12月18日下午2点30分,在家园携手合作下,一场幼儿防拐骗的演练拉开了序幕。家长们不顾天气的寒冷,有的穿着薄薄的白雪公主服饰走向了小班的幼儿,有的扮演着圣诞老人肩上扛着"装满礼物的袋子"走向了正在区角活动的中班幼儿。有的打着电话急匆匆地跑向一位小朋友,着急地说着什么……短短几分钟,在各种"诱惑"下幼儿们"上钩"了,他们甚至随着"骗子"走到了幼儿园大门口……但大部分幼儿防范意识还是很强,有的幼儿非但不对"骗子"的各种诱惑不为所动,当看到身边的同伴被骗走时还出手阻拦,为他们的机智、勇敢点赞!

演练活动结束了,由防拐情景演练活动所衍生的教育价值和教育契机却

图5-17　不好,我们上当啦!

远远没有结束。在安全总结中周辰(化名)小朋
友的爸爸为幼儿们特别准备了防拐骗安全小
视频,并给幼儿们讲解了不跟陌生人走、遇到
危险要及时躲避和如何寻求帮助等防拐骗安
全常识。参加情景演练的家长代表对活动效果
和形式表示认同。幼儿在演练中获得了防拐的
知识,增强了自身防拐骗能力。

三、我们一起努力啊

在防拐骗演练开始之前安全部门负责人
就充分征询家长意见以及在考虑儿童特性的

图 5-18 警察叔叔告诉我!

基础上撰写防拐骗演练方案,这样可以让家长体验到园所对家长们的尊重以
及认可,从而激发家长参与园所活动的热情。同时让家长感受到园所与家长
在幼儿成长的过程中起到同等重要的作用, 让家长感受到园所的用心良苦,
有利于家长转变其教育观念,积极融入家园合作之中。

参与活动的家长看到园所的付出与努力进而心生信任之情,实现园所家
园共育理念的有效认同。在情景演练活动中家长加深了对园所活动意义的认
知与理解,才会在演练中自己准备"拐骗"幼儿的各种工具,为了活动能够实
现良好的效果与教育价值发挥自身的能量。如在演练结束后的反思中,周辰
小朋友的爸爸为幼儿们精心准备了防拐骗安全小视频,为幼儿讲解防拐骗安
全小常识,激发学习的兴趣,进一步巩固防拐情景演练的活动所带来的教育
价值。

四、这样的活动我参加

为了确保演练效果的真实有效,在众多报名参加演练活动的家长中只邀
请了五名家长。为了表达对家长们的支持,园所将此次演练在幼儿园微信公

众号上进行宣传报道,许多家长纷纷表示了"这样的活动真好,我也想参加""下次有类似演练一定要让我参加""能为小朋友安全意识提升做出自己的努力真好""家园共育,让学习自然发生"等意愿,家园共育效果明显。

第三节　"三三一"模式下缓解分离焦虑的活动策略

新生入园是幼儿分离焦虑的爆发期,幼儿即将要面临与亲人以及依赖的人分离从而产生焦虑、恐惧、不安等负面情绪,常表现为情绪不稳、哭闹不止、不正常进餐、睡眠质量下降、沉默寡言或者念叨回家甚至生理失控等。长时间的分离焦虑会对幼儿的身体和心理产生不良的影响,需要教师和家长密切配合,才能帮助幼儿缓解入园焦虑,适应幼儿园生活。然而,不仅幼儿,大部分家长也会有分离焦虑,表现为不放心幼儿在园生活,不信任教师,不舍幼儿离开自己等,这些焦虑情绪既影响了亲师之间的信任与合作,也影响了幼儿的适应过程。教师不仅需要照顾哭闹的幼儿,还需要谨慎处理与家长之间的关系,心理和身体的双重压力极易引起教师的职业倦怠。那么,如何让亲师幼平稳度过这段"焦虑时光"呢?

一、统一认识

在发放新生录取通知书后,园所进行了如下工作:(1)向家长宣传讲解园所"三三一"家园共育新理念,通过一系列鲜活的个案阐释家长在幼儿园教育中的重要地位和作用, 初步让家长感受新理念指导下亲师幼共研共育共成长的快乐与收获,引起家长的共鸣;(2)向家长介绍本园的教育理念和对幼儿的培养重点和培养方式,让家长对幼儿园有深入的了解,解答家长的相关疑虑与担忧,园所根据幼儿家长提出的意见和建议,共同研制出一套家长和教师都满意的方案;(4)组织专家进行缓解"分离焦虑"以及入园前幼儿需要具备的自理能力的相关培训和讲座,让家长能够掌握具体的应对分离焦虑的方法。

二、策略指导

根据亲师共同达成的缓解分离焦虑策略,有条不紊地开展工作,其主要有以下几点:

(一)时间策略

园所打破了正常的入园时间,采取逐渐延长幼儿在园作息时间的方式来缓解分离焦虑,即:将9月作为入园适应月,由亲子活动不吃饭—半日活动加餐点—整日活动餐点加午饭加早接—整日正常作息来逐渐延长幼儿在园时间。

图5-19 时间策略:师生共同营造温馨氛围

图5-20 空间策略:让家长与幼儿保持一段距离

1.第一周、第二周:开展两周的半日亲子活动—让亲师幼之间互相了解、互相熟悉、互相适应。

(1)幼儿方面:让幼儿熟悉园所的环境、熟悉班级教师、熟悉小伙伴,逐渐消除对幼儿园的陌生感和不安全感,从心理上真正接纳幼儿园的生活。

(2)家长方面:在亲子活动中做到让家长对幼儿园的园所理念、教育教学、教师情况以及家长之间彼此了解和熟悉,缓解分离焦虑,让家长放心把幼儿送进幼儿园。

(3)教师方面:通过两周的亲子活动,对幼儿及家长有全面的了解,为今后对幼儿的教育引导、家长工作提供经验。

2.第三周:半日活动加餐点。

(1)幼儿方面:在没有家长陪伴的情况下,逐渐适应幼儿园的作息和生活,争取做到入园不哭、离园快乐、第二天可以继续来园,并逐渐向幼儿渗透在幼儿园午休的好玩和有趣。

(2)家长方面:这一阶段需要家长尽量坚持每天都送幼儿来园,配合教师的工作以及在规定时间内养成午休的习惯。

(3)教师方面:这一周的重点是培养幼儿的生活习惯,如:喝水如厕盥洗、教育活动、区角游戏、户外活动、餐点时间。

3.第四周:前三天整日活动餐点加午饭加早接,最后两天整日正常作息。

(1)幼儿方面:让幼儿逐渐适应幼儿园的整日生活,重点是午休,尽量在这一周内做到幼儿能安静地躺到小床上休息。

(2)家长方面:从提早接孩子到正常时间接孩子的过渡,为家长的分离焦虑提供一个缓冲期。

(3)教师方面:营造温馨、安全的生活环境,开展丰富的游戏活动,让幼儿逐渐喜欢上幼儿园的集体生活。

(二)空间策略:同一空间距离的变化—空间分隔—空间分离。

1.同一空间距离的变化:最开始第一次亲子活动的时候亲子是前后坐,之后的亲子活动前后坐的距离逐渐拉大(如从 0.5 米到 1 米、1.5 米……),最后家长统一坐到后面。

2.空间分隔:短暂分离(室内捉迷藏、走迷宫的形式体现);一定时间分离(以躲猫猫游戏、打电话的游戏体现)活动时间分离(如幼儿在班内活动,家长去开家长会的形式体现)。

3.空间分离:半日分离(半日加餐点—半日加餐点加午餐);整日分离(早接—正常时间离园)。

(三)游戏策略:从陌生到熟悉,从疑虑到信任,从有距离感到有安全感。

1.第一次亲子活动:"水果找班级""介绍一下自己吧"——熟悉幼儿园、教师和小伙伴。

2. 第二次亲子活动:"全家福"相框——组建幼儿园里的"温暖大家庭",为幼儿建立温馨、安全的心理环境。

3. 第三次亲子活动:"闯迷宫"——为幼儿尝试与家长进行短暂分离,为独立的幼儿园生活做准备。

4. 第四次亲子活动:"捉迷藏"——开启亲子分离模式。

5. 第五次亲子活动:"抱抱"——用拥抱拉近教师和幼儿,幼儿和幼儿之间的距离,建立和谐、有爱的师生和生生关系。

6. 第六次亲子活动:"蚂蚁搬豆"——用快乐的体育活动驱走分离焦虑的阴霾。

图 5-21 游戏策略:捉迷藏游戏

7.第七次亲子活动:制作张贴小标记——建立幼儿对幼儿园的归属感。

8.第八次亲子活动:洗小手——培养幼儿的常规习惯。

(四)相互配合策略:在入园前及入园之初可进行如下工作

1.家长方面:

(1)培养幼儿基本的生活自理能力;(2)坚持陪幼儿参加亲子活动并坚持按时来园;(3)每天用正能量引导幼儿,快乐分享幼儿园的生活;(4)积极参加幼儿园组织的亲子活动,积极和班级教师沟通交流;(5)有效疏解自己的分离焦虑,用正面、积极、快乐的情绪引导幼儿。

2.教师方面:

环境创设:(1)外在环境——为幼儿创设温馨的"家"的氛围的教室环境;(2)心理环境——为幼儿制造温馨、自由、宽松的心理环境;(3)教育环境——开展丰富、有趣的亲子活动、游戏(区角、户外)、课程。

常规培养:(1)亲子活动期间:循序渐进培养幼儿上课的常规(坐姿、举手回答问题等)、排队喝水、盥洗、如厕、玩具分享、安静游戏、小声交流、听指令行动等;(2)半日活动期间:循序渐进培养幼儿的一日生活常规。

家长工作：(1)亲子活动期间进行前期调查：幼儿的兴趣爱好、身体情况、吃饭状况、有无过敏原、自理能力的水平，为照料幼儿及缓解幼儿的分离焦虑做好前期的准备工作；(2)亲子活动结束后召开有关"半日体验"的班级家长会，家园合作，做好缓解幼儿入园焦虑配合工作；(3) 半日活动期间：三位教师分工合作，将幼儿们出现的分离焦虑问题和成长变化一一与家长进行沟通，个别幼儿的问题采取长期跟踪指导；(4)整日来园前召开班级家长会，家园共同研究探讨做好幼儿入园的适应问题等。

图 5-22　帮助幼儿克服分离焦虑，
与教师一起做游戏

3.幼儿方面：(1)在家长的指导下,能够努力学习基本的自理能力；(2)在教师的指导下,学习积极地和教师进行互动；(3)在家长的引导下,主动和家人分享幼儿园生活。总之,由于幼儿年龄较小,幼儿各方面的准备工作还是以教师和家长的引导为主,逐渐克服分离焦虑。

通过以上工作,亲师幼平稳度过了分离焦虑期,而且互相建立起了初步的信任感,亲师幼共同体初步形成,为后续的幼儿教育打下了坚实的家园基础,初步形成良性教育生态圈,教育氛围和谐融洽了起来。

第四节　"三三一"模式下的社团活动

幼儿升入大班之后学习能力不断增强,为了更好地贯彻落实《3-6 岁儿童学习与发展指南》精神,遵循儿童身心发展规律,促进幼儿全面而有个性的发展,拓展幼儿更广更宽的教育空间,让幼儿在开放、自主、多元、快乐的活动中实现自我、挖掘兴趣、放飞梦想,园所开展了多种丰富多彩的艺术社团活动。

园所一直注重幼儿的个性培养和引导幼儿积极的自我表现,十分重视幼儿社团建设。大班上学期根据各年龄段幼儿身心发展特点及兴趣爱好特长等为幼儿精心打造了多个社团:舞蹈社团、泥塑社团、剪纸社团、打击乐社团、儿童画社团、书法社团等,丰富多彩的社团活动更好地满足了幼儿自主选择和个性发展的需求。

一、社团介绍

宸宜幼儿园以"主动学习"为核心,以"适宜性发展"为理念,从兴趣出发,顺应幼儿的真性情,从兴趣爱好培养,启迪幼儿的灵性,让幼儿自主选择,发展其个性,多彩社团活动为幼儿带来全新的体验,为幼儿园注入新的活力。

书法社团:6岁左右是幼儿书写的敏感期,刚刚接触软笔书法的幼儿在书法社团中学习握笔的姿势、感受力度与墨汁之间的变化,激发书写兴趣。

图5-23　书法社团

打击乐社团:打击乐社团以响亮的声音、清脆的节拍、强劲的节奏、易懂易学的特点、寓教于乐的教学方法深得幼儿们的喜爱。敲起欢快的非洲鼓,感受自然乐器的曼妙之音。在这里畅想大自然的美,用心感受声音里的故事,享受音乐带来的无限乐趣。

图5-24　打击乐社团

儿童画社团:通过绘画的方式激发幼儿创造力。教师会根据幼儿的实际水平与生活经验选择切实可行的题材,引导他们去发现一切可以利用的材料,运用想象进行创作,让他们在观察、探索、总结中大胆表现对美的感知。

舞蹈社团:轻盈的体态,变化多样的队形,舒展柔美的动作,彰显幼儿对舞蹈的热情与热爱,小小的身影,承载着一个个大大的梦想。

图 5-25　儿童画社团

剪纸社团:剪纸是一种艺术教育活动,它致力于培养幼儿的审美能力及艺术素质,继承和发扬民间剪纸艺术。幼儿将剪纸艺术与现代卡通相结合,发挥自己的想象,不断尝试,用自己的一双巧手创造出属于他们自己的精彩世界。

图 5-26　舞蹈社团

泥塑社团:通过对泥团的把玩,可以激发幼儿的兴趣、激活幼儿的童心,为幼儿的想象力插上翅膀,引导幼儿玩中做,做中学,学中思,思中获,在潜移默化中增强幼儿的动手操作的能力。

图 5-27　剪纸社团

二、亲师幼共促多彩社团创生

（一）社团共研中幼儿收获大

1.多彩社团活动,以兴趣为导向培养幼儿主动学习

图 5-28　泥塑社团

"兴趣"是指一个人积极探究某种事物及爱好某种活动的心理倾向。它是人认识需要的情绪表现,反映了人对客观事物的选择性。每名幼儿都是独立的个体,由于所处的发展阶段、教育环境、生活经验不同,都有自己的发展特点和独特的兴趣。在平时的幼儿园自由活动时,我们经常能够看到这样的情景:有的幼儿一听到节奏感强的音乐就会摆动身体,跟着节奏又唱又跳;有的幼儿总喜欢在有绘画或者提供小制作工具的地方,玩得意犹未尽;有的幼儿看到认识的图片就不停地念,好像一定要别人听到。其实这些都是幼儿自然本色的表现,是个性使然。但由于当时时间的限制,或者集体活动的规则,使得幼儿不得不牺牲大量的时间学习了解自己不感兴趣的活动。通过多彩社团的设置,让幼儿既可以以兴趣为导向,沉浸在自己的爱好中,又能在学习中培养主动性,为后续发展奠定良好的学习品质。

2.多彩社团活动,促进幼儿和谐的个性发展

为了践行"自然、自主、和谐,求真、求新、乐观"的园风,宸宜幼儿园在每周四和每周五的下午,幼儿根据自己的兴趣爱好参加多彩社团,每个小朋友要独自带好课程内容需要的材料,自己走去选择的课程班,面对新教师、新朋友和有趣的社团活动,这激发了幼儿的好奇心和探索欲,同时促进幼儿从他律到自律的转变。社团活动内容丰富,幼儿在社团里展示特长、挖掘潜力、感受快乐、体验乐趣。

在社团前期会经历招募过程,主要根据幼儿自身兴趣,辅以家长、教师对幼儿的观察了解,通过亲师幼共同商量,决定参加的项目。当遇到名额紧张时,我们会和幼儿商量如何解决,通过与其他幼儿沟通或选择其他社团等方法解决,充分尊重幼儿的选择。

在社团活动前每个幼儿要带好课程内容需要的材料,独自前往选择的课程班,在没有教师带领的时候,幼儿能约束自己的言行,做到伙伴之间互相提醒,楼道内不大声喧哗、不追逐打逗、不乱跑、轻轻走,上下楼梯注意安全等。有一次舞蹈社团的幼儿在没有教师的情况下,他们能主动更换舞蹈鞋然后站好队形做热身活动,这对幼儿来说是个不小的挑战,也是亲师幼三年来礼仪教育的成果。园所要求教师和家长,在中班下学期就要形成教育合力,使幼儿

养成自觉、自理、自立的习惯,形成园训中"健康尚礼、正直真诚、亲和严谨、主动智慧"的学习品质。

3.多彩社团活动,发展幼儿开放的创造性思维

在社团活动前,幼儿既要独立整理社团需要的物品,又要独立到社团所在的教室,面对新环境、新伙伴、新教师,这是充满挑战的开始。正是这些新的变化,发展了幼儿的创造性思维:当小手拿不下舞蹈服、舞蹈鞋、水壶的时候,有的幼儿选择把舞蹈服提前穿在衣服里,有的幼儿选择装在袋子里,有的幼儿索性把舞蹈服顶在头上,真是八仙过海各显神通。

(二)社团共研中教师成长多

1.多彩社团活动,促进教师角色转变

传统的幼儿教育中,教师是幼儿一日生活的照料者,区域游戏的观察者指导者,集中教育活动的教导者;通过多彩社团活动创设,教师根据自身特长或者喜好选择擅长的社团,在社团活动中教师不再是活动的主导者,由"权威"向"非权威"转变。因为兴趣才是多彩社团活动的内驱力,教师只是社团活动的支持者、协作者和推进者。

2.多彩社团活动,对课程进行整合

任何活动内容的开展,都应遵循幼儿的经验以及已有认知,作为课程活动补充的"小社团",对于活动的预设,都应尽量从近期开展的主题活动出发,进行设计、实施。例如:在9月的中秋节期间,舞蹈社团就选择了《月亮船》歌曲,让幼儿们感受舒缓的乐曲,也呼应了"中秋团圆"这一温馨的体验;国庆节前夕泥塑社团安排的内容是"熊猫吃竹子",引导幼儿了解中国特色;儿童画社团则让幼儿们在《红旗飘飘》的歌曲中绘画出祖国的大好河山,加强爱国主义情感体验。

3.多彩社团活动,改善课程评价体系

多彩社团活动让教师学着放手,为幼儿创造一个欣赏、鼓励的环境。教师在评价环节做了多种尝试,探索出多种富有人情味的评价方法,保持最大程度的支持、对作品的肯定和欣赏,充分调动幼儿参与活动的积极性,促进幼儿的全面发展。

为了尊重幼儿的个性、引导幼儿注重过程性学习,泥塑社团开展了幼儿之间评价,不以"像不像"为评价导向,而是营造气氛评价法,鼓励幼儿大胆表达,同时教师会穿插因人(事)而异评价法,引导幼儿发现同伴之间的优点,同时鼓励教师把在多彩社团中发生的小故事撰写成学习故事,供家长幼儿阅读。

(三)社团共研中家长观念转变快

家庭教育重视早期智力的开发,忽视非智力因素的培养,尤其是忽视对幼儿进行品德教育。突出表现为家庭教育小学化问题严重,家长认为只有过早地对幼儿进行认字、加减运算、认读汉语拼音、背诵古诗等,才是对孩子好。通过社团共研,家长逐渐意识到幼儿应在兴趣的引导下,学习才会更加积极主动,家长渐渐地将更多精力放到幼儿的能力培养上。例如:双胞胎马心茹(化名)、马心翌(化名)的妈妈在社团活动反馈表中提到开始想让姐弟俩一起到儿童画社团,但是弟弟特别想去书法社团,姐姐想上舞蹈社团,通过与幼儿沟通决定尊重他们的想法。这一学期坚持下来,发现两个幼儿进步特别大。心茹以前因为体型的原因不爱运动,但是加入舞蹈社团后她每天都坚持练习基本动作。

社团活动成为幼儿们自我成长、自我锻炼、自我展示、获得满足,增强自信的舞台。园所的社团互动,为每个幼儿提供了充分展示自我、张扬个性的机会,也展示了社团所取得的丰硕成果,提升了幼儿的综合素质,同时进一步营造了具有浓厚特色的园所文化氛围。

附:小社团活动案例

1.活动目标

加强幼儿对传统文化和舞蹈、非洲鼓等艺术活动的认识和了解,使其感受艺术活动的魅力,并在参与和体验中提升幼儿艺术感受、表达、创作的能力。让幼儿在开放、自主、多元、快乐、好玩的活动中实现自我、挖掘兴趣,培养个性发展。

2.活动思路

依据《指南》精神和理念,充分满足幼儿的兴趣需要,以尊重为前提,体现自主性、趣味性、互动性、游戏性。关注过程、关注个体差异、循序渐进地进行。

3.活动成员安排

(1)活动总负责人:教学园长、教研助理。

(2)具体负责人:大班组长;社团卡片设计:张嘉;制作:各班班长。

(3)各社团幼儿的考勤表:大班组教师。

4.具体说明

(1)参与班组:大班组。

(2)社团包括:书法、舞蹈、剪纸、打击乐、泥塑、儿童画。

(3)教师安排:每个社团共三位教师,外聘教师加大班一位教师以及其他班组的一位教师,后勤一位教师也可以参与;小社团负责的教师在自愿申报的基础上进行筛选。

(4)社团活动场地及主要负责教师的安排:

剪纸社团(大一班):本园教师;书法社团(大二班):外聘教师;儿童画社团(大三班):本园教师;打击乐社团(大四班):本园教师;泥塑社团(大五班):外聘教师;舞蹈社团(多功能厅):本园教师。

(5)活动时间安排:每周四每周五的下午进行。

第一节活动:2:20-3:00;第二节活动:3:20-4:00。

课间20分钟社团负责教师提醒幼儿喝水、如厕,也可以组织幼儿进行户外长绳、短绳、花样篮球的集体活动;如遇天气问题,就在室内进行律动活动等;舞蹈社团根据幼儿活动量的情况灵活安排20分钟的课间活动。

(6)提醒注意:

①教师需要提前进行各班的社团报名,每个幼儿可以报两个社团(遵从幼儿及家长的意愿,教师可以根据幼儿的实际情况给予建议)。

②起床后幼儿自主吃水果和饮水,然后带着自己的水壶到相应的社团活动室活动。

③所有教师负责本社团的考勤记录及安全与组织等。

第五节 "三三一"模式下的节日活动设计

2017年至2019年,园所组织的六一庆祝活动,由最初室内外亲子游戏到亲子手工制作,再到科学小实验的展示,让幼儿的六一儿童节变得更加有意义。快乐不仅在于游戏,更在于习得科学的思维和素养,为日后的学习和生活打下坚实基础。三年来,幼儿、家长和教师,每个人、每一年都有不同的收获和体验。

一、理念转变

一直以来,"六一儿童节"都是幼儿们最向往的一天,曾经这个节日是一场又一场的演出,幼儿们在台上表演,家长们在台下欢呼。最初采用演出的方式,是希望可以通过搭建展示平台,让每个幼儿都有机会展示自己的才艺,但随着时间的推移,形式单一以及园所和家长某些程度上的"攀比"心理,让原本属于幼儿们的快乐舞台,成了一场展示幼儿园教育功底或者家长培育成果的"秀场"。为了做好这个"秀",教师和家长没日没夜的"训练"幼儿,以达到好的演出效果,甚至压缩幼儿们的游戏时间和娱乐时间,机械的节目彩排成了"六一"前夕的唯一活动,这早已背离了儿童节本身的初衷。《指南》的颁布,学前教育高度关注幼儿生活体验性成长,通过开展庆祝六一活动,使幼儿在积极地参与中体验合作与交往的快乐,从而让幼儿度过幸福、难忘的儿童节,这便是宸宜幼儿园开展开放性游戏活动的目的。

二、活动创新

园所秉持"把节日还给幼儿"的理念,通过利用"三三一"模式,对六一儿童节的活动方案展开研讨。

（一）面对家长：问询、沟通、主动参与

通过网络问卷的方式，向家长征询关于"六一儿童节"的开展方式以及内容；召开家委会，针对问卷结果与家长进行进一步讨论，商议活动的具体模块；征集家长义工，全程参与游戏设计和互动环节；提前向家长公布游戏内容和参与方式，让家长提前做好准备，在游戏当天做好幼儿的"玩伴"。

（二）面对教师：研讨、准备、全面保障

结合"六一"活动主题，展开教师间研讨，亲师间研讨等，确定游戏项目和内容；安排部署游戏活动材料以及注意事项；活动当天以游戏支持人身份全程参与游戏，确保游戏活动的有序开展。

（三）面对幼儿：讨论、参与、亲身体验

针对游戏内容开展各种讨论活动，以幼儿的喜好为出发点，设计幼儿喜欢的活动内容；采用材料适合幼儿使用，安全性高；各班开展"六一"的主题活动，结合班级特色，为游戏活动当天准备各种纪念品等，提高幼儿的参与度。

以 2017 年"六一"儿童节为例：

2017 年园所以"快乐亲子嘉年华"为主题，开展第一期大型亲子互动开放性游戏，秉持着"把节日还给幼儿"的理念，充分利用园所室内外优势，开展娱乐游戏活动。

活动分成室内游戏区、室内制作区、室外摊位区、室外游戏区、表演区、涂鸦区以及交换礼物区。每一个区都有不同的玩法，室内游戏区共有六个游戏，每玩完一个游戏可以得到一个印章，集齐四个可以换一个精美书签，而书签是在活动前向全体幼儿家庭征集由家长和幼儿亲子制作而成的；室内游戏区，每制作一个可以获得"一元钱"，而这个钱可以在十点后的美食区进行食物兑换使用；户外摊位分别是气球区、魔术区以及彩绘区，这里每个幼儿都可以参与互动，更是汇集了多位家长义工为幼儿们制作最精美的节日礼物，这三个区是最热闹火爆的，幼儿们都非常喜欢；室外游戏区是园所搜集来的民间游戏，比如滚铁环、抖空竹等，很多爷爷奶奶在现场向我们展示了多种玩法，大家玩得不亦乐乎。同时水区也很受幼儿们的欢迎，钓鱼还有沉浮游戏，不仅让幼儿们感受玩水的乐趣，还能通过游戏开动脑筋，学习到更多知识，家

图 5-29 快乐亲子嘉年华活动

长和幼儿们都玩得很开心;涂鸦区为每个班准备了涂鸦条幅,让幼儿们画下今天的快乐;礼物互换区让幼儿们在这里将自己准备好的礼物,送给自己的好朋友,并且一起舞蹈一起合影留念;美食区,由食堂的叔叔阿姨和家长义工一起制作的四十多种美食,幼儿们拿着自己"挣"得钱,来到美食区选择自己喜欢的食物,怎么花最少的钱吃到最多的食品,也成了幼儿们思考的游戏;表演区分为室外节目表演和室内木偶表演,室外节目展有七十多个家庭报名参加,最后经过筛选合并成二十多个节目,幼儿们在舞台上自信快乐的展示自己,过着最快乐的节日。木偶表演是家长义工一起编排的木偶剧,家长们演得仔细,幼儿们看得认真。

三、反馈与调整

每一次活动结束后,园所都会向教师、家长征集活动效果情况,同时对活动中的内容和方式进行调整。

例如 2017 年经过家长的讨论,园所为满足幼儿们表演节目的欲望,由于时间及节目数量等原因,出现了现场有表演但是没有观众的情况,结合这个问题在 2018 年的活动中,对节目表演就不再有数量的限制,将舞台完全留给幼儿们,谁想表演都可以,整个舞台成了幼儿们展示自己的快乐舞台。又如 2019 年园所正式成立"家庭科学研究共同体",因此在六一活动当天,园所开展科学实验游戏活动,由多个家庭共同参与,将崇尚科学精神通过游戏的方式向幼儿们展现。

44 个家庭把他们在家庭实验中最有趣且容易操作的实验通过展板、视频讲解、现场操作指导的方式,教给全园的小朋友,有力学、电学、化学反应、浮力、磁力等,讲解的幼儿们大方、自信,思路清晰,语言表述完整,控场能力超强,家长们负责给幼儿录像、拍照,在 1 小时的实验展示中,幼儿充分地展示自我,认真讲解科学实验的流程、原理,为其他家庭做好科学实验提供参考依据。

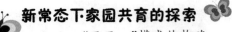

附:2019年活动方案

乐享、创响、梦想
——2019年宸宜幼儿园庆六一亲子畅游会

一、活动目标

围绕主题开展六一亲子畅游会活动,通过"乐享、创响、梦想"让亲子体验快乐分享,大胆发挥创新能力,培养创新品质,为实现梦想不断努力前行,亲师幼在游戏中感受共同成长的快乐。

二、活动时长

2小时。

三、活动地点

宸宜幼儿园班级及户外操场。

四、活动形式及负责人

此次采取游戏为主的形式,分为户外、室内进行。室内游戏区:一楼为自然与生活主题,二楼为艺术与生活主题,三楼为科学与生活主题以及室外游戏区。

五、活动准备

游戏票、六一电子邀请函、入园角色扮演材料、草坪留影背景、礼物(坎肩)、兑换作品小礼物、各班级及户外区角游戏材料、户外小舞台、音像设备及音乐、海报等。

六、人员安排

(一)总指挥。

(二)活动总协调员。

(三)主持人。

(四)摄像。

(五)安全及后勤保障。

(六)音乐。

(七)游戏票制作与发放。

(八)入园合影留念背景设计。

(九)户外领舞小舞台的搭建及布置。

(十)各游戏区的游戏说明海报(设计、制作、摆放)注意摆放的位置的合理性、安全性。

(十一)发放礼物。

(十二)大门处迎园亲子活动负责人。

(十三)六一电子邀请函。

(十四)迎园的舞蹈或是亲子操总负责人。

七、活动具体程序安排

(一)签到准备及入园环节

1.各班级由一位教师操场准时就位,引领家长找自己班级位置,并签到。(每个游戏区保证有一位教师游戏区留守,其他教师都到操场)。班级位置安排为从鱼池一侧为小一班、小二班……依次顺延,每班两列,拉开合适距离,便于舞蹈。

2.入园

(1)晨检——打卡入园。不发晨检牌。

(2)亲子迎园——各班组上报两组迎园亲子角色扮演名单,手拿气球等道具欢迎亲子入园。并且可以和动物扮演者进行合影留念。

(3)合影留念——亲子沿着红毯走到国旗位置,在合影背景前进行合影留念。

(4)班级签到——家长找班级教师进行签到,签到后不再走动,直接进行"舞动一夏"环节。

(5)舞动一夏——亲子在操场班级位置跟随领舞教师欢快舞蹈,也可以自主舞蹈。(有教师在前面领舞)

注意:提醒家长带着游戏票,不带过多书包等物品,给幼儿带的水壶各班级统一安排位置进行摆放,便于舞动一夏的环节。

(二)升旗环节

主持人开始主持升旗仪式(所有人原地面向国旗)。

（三）讲话环节

幼儿代表讲话、园长讲话。（角色扮演在升旗之前就站到主席台两侧）

（四）游戏畅游环节

亲子自选参加室内外的游戏。

（按照各游戏区的安排进行游戏，具体见各班组活动方案）

（五）左右离园领礼物环节

上午10:30左右亲子可以离园，到大门口各班组指定位置签字、领取礼物。

领礼物位置在大门口，负责教师提前就位（负责人：邵瑞雅——孙鑫、李薇、家长义工）准备15个班的签字表。发放的时候注意签一个发一个。

八、重要温馨提示

1.幼儿及家长方面。

（1）六一活动期间，家长全程负责幼儿的安全。

（2）一位家长（爸爸或妈妈）参加；幼儿可以盛装出席，服装、鞋子要求方便运动，安全舒适。

（3）家长带着游戏票、水壶来园。禁止带任何食品来园，不带过多书包等物品，给幼儿带的水放到各班级安排的位置，便于"舞动一夏"的环节。

（4）带票进行游戏，遵守秩序，遵守各区游戏规则及要求，不要大声喧哗，文明游戏，保证安全。

（5）家长幼儿一起注意维护幼儿园的环境卫生，不随意到游戏区以外的地方玩耍。

（6）晨间入园时家长暂时先不进楼道和班级，需到前操场找本班教师，在本班级位置进行开场舞蹈活动。

（7）有参加义工工作的家长穿义工服。

2.教师方面。

（1）组织幼儿开展六一各项游戏室及游戏的介绍活动。

（2）组织幼儿开展六一安全教育工作及活动。

（3）教职工服装要求：统一穿紫色半袖和文化衫。

（4）给幼儿讲一讲，做得非常好的作品，部分游戏区负责教师会用小礼物兑换作品,并放到游戏区布置好的位置上,进行展示,活动之后再安排进行统一的展示。

(5)每个游戏区的名称、游戏玩法、规则要简单明了,提前把电子版发给助理,最后进行汇总,再发给教师们。大家根据游戏可以组织幼儿们熟悉了解。各游戏区每场组别要科学合理,每一场的时间不宜太长,有时间和人数的限制。

(6)活动电子邀请函发给家长。

(7)各班可以按照班级特色,提前开展六一儿童节的特色活动。要求安全第一,把方案提前上报到教学助理处。

(8)幼儿记考勤,游戏结束可以接走。临近六一教师提前统计留园的幼儿名单及人数。

四、成长与收获

利用"三三一"模式,让家长、教师、幼儿亲身参与到制定和实施活动中来,通过活动本身传递科学的育儿理念,让家长们深切体会到游戏为幼儿们带来的成长与乐趣,而游戏本身即是学习和成长,这样的主动认同比开家长会"讲"给家长们更有效果。游戏的方式把教师从"节目彩排"中解放出来,使其拥有更多时间与家长、幼儿沟通,了解亲幼需求,同时更加深切感知幼儿们在游戏中快乐成长的价值与意义。对于幼儿们来说,这样的六一儿童节才是真正属于他们自己的节日。

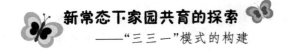

第六章　构建新常态下家园共育新途径
——"三三一"模式下的特色教育

第一节　"三三一"模式下的特色教育之爱满宸宜

一、爱满宸宜主题分享活动

　　教育的灵魂是爱,有爱的教育才是真正的教育。幼儿健康成长需要充满爱和正能量的环境,这就需要我们共同营造。为了培养幼儿拥有善于发现爱、感受爱、表达爱的良好素养,做一个心中有爱且积极阳光的人,园所从建园开

图 6-1　主题分享

始陆续进行了四届"爱满宸宜"主题分享活动。活动安排在每年12月末进行，亲师幼共同参与到活动的组织中，为活动贡献智慧和力量。亲师幼一起回顾、发现围绕幼儿身边的爱，并以不同的形式大胆表达，促进家园有效互动。活动内容体现宸宜幼儿园中爱的故事，家长与教师之间的感人故事、幼儿与幼儿之间的感人故事、家长和家长之间的感人故事。弘扬正能量，让幼儿在充满爱的环境中懂得感恩、学会感恩，做心中有爱的人，为幼儿营造良好的教育氛围，提升家园共育的和谐水平。

图6-2　亲子节目

爱满宸宜主题活动通过不同的分享方式如开展自创歌曲、配乐诗朗诵、舞蹈、儿歌朗诵、讲故事、演讲、情景剧、绘画、书法、泥塑等，展现出亲师幼为爱的创新勇气，有一个情景剧是亲师幼共同参与的，讲述的是幼儿、教师、家长之间的一次电话交流，真切展现了现实教育场景，虽然没有惊天动地的大事，但是小而细腻，每个人都真诚自然流露，让在场的观众为之动容。每次活动都倾注着亲师幼对爱的期待、对爱的理解、对爱的感动。每一个人的爱都汇聚在一起，凝聚成坚强有力的教育力量，鼓舞着亲师幼共同成长，感受成长和教育的幸福。生活需要仪式感，教育一样更需要仪式感。亲师幼在参与活动中，亲身体验到身边曾经被忽视和遗忘的感动与爱。

每一个爱的故事都唤起了亲师幼内心的共鸣，感动的热泪、真情的目光、真诚的拥抱，化作对彼此的信任与支持。在以后的共育的日子里，亲师幼都有了善于发现爱的眼睛，并能够在行动中大胆表达。个别家长即使遇到了一些问题，也都能够被其他的家长正面影响，正能量的教育圈不断扩大，变得更加坚实有力。

园所将每一次的活动做成集册，有园长的寄语、活动方案、主持人的讲稿，还有精彩的感动的爱的节目和作品。集册中精心记录每一段爱的瞬间，楼

图 6-3　编辑集册

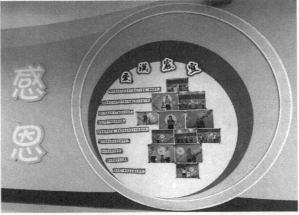

图 6-4　文化墙展示

道、教室都能够随时翻阅到。集册还会赠送给每一个参加活动的家庭。每一次翻阅都是爱的回味,更是一次爱的旅程的心灵体验。楼道爱主题文化墙也会及时呈现每一次爱满宸宜的感动瞬间,让这种教育力量感染着走进宸宜的每一个人。

　　爱满宸宜主题分享活动为家园共育奠定了坚实的基础,大大提升了家园共育的水平。看到、听到了亲师幼对爱的不同表达,抒发自己的感恩情怀,让宸宜幼儿园充满爱的味道与爱的气息,在爱的环境中,亲师幼共建"爱"之家,

6-5　爱满宸宜活动

让宸宜人走到哪里都带着宸宜幼儿园的爱的光环,无时无处都能展现出有温度的言行,做一个真正懂爱、有爱,敢于表达爱的人,真正实现全育人、育全人的最终目标。

二、例举2018年"爱满宸宜"活动方案

第一部分:家园共育

一、活动目标

1.家长发现围绕幼儿身边的爱,并以不同的形式大胆表达,促进家园互动。

2.弘扬正能量,让幼儿在充满爱的环境中懂得感恩、学会感恩,做一个心中有爱的人。

3.为幼儿创造良好的教育氛围,提升家园共育的和谐水平。

二、参与人员

全体家长及幼儿。

三、活动参与方式

体现宸宜幼儿园中展现爱的感动的故事。家长与教师之间的感人故事;幼儿与幼儿之间的感人故事;家长和家长之间的感人故事。

分享方式:自创歌曲(利用其他歌曲的旋律,自创填词也可以)、配乐诗朗诵、儿歌朗诵、讲故事、演讲、情景剧等皆可。

四、活动时间

报名时间:2018年12月6日—2018年12月19日

活动时间:12月28日—12月29日

五、报名方式

家长至各班教师处报名。

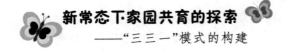

第二部分:师幼共亲

一、活动目标

1.加强师幼间亲密关系,提升幼儿对教师的信任度,创造良好的师幼共亲氛围。

2.展现幼儿教师的职业魅力,提升自身价值属性,增加职业幸福感。

3.弘扬正能量,让幼儿在充满爱的环境中懂得感恩、学会感恩,做一个心中有爱的人。

二、活动内容

(一)表演

1.活动形式。

体现宸宜幼儿园中展现爱的感动的故事、幼儿与教师之间的故事。

分享方式:自创歌曲(利用其他歌曲的旋律,自创填词也可以)、配乐诗朗诵、儿歌朗诵、讲故事、演讲、情景剧等皆可。

2.活动时间。

报名时间:2018 年 12 月 6 日—2018 年 12 月 19 日

活动时间:暂定 12 月 28 日—12 月 29 日

3.报名方式:各班教师至组长处报名。

(二)"省亲"

1.活动形式:毕业生回校"省亲",幼儿们与教师之间分享成长的快乐。分享方式:师幼游戏互动、各式表演、园所参观等。

2.报名时间:2018 年 12 月 10 日—2018 年 12 月 19 日

活动开展时间:暂定 2019 年 1 月 11 日

3.报名形式:原毕业班教师联系毕业生确定"省亲"人数及方式。

第三部分:师师共长

一、活动目标

1.加强教师与教师之间相互学习共同成长的意识,建立温馨的工作氛围。

2.展现幼儿教师的职业魅力、提升自身价值属性、增加职业幸福感。

3.弘扬正能量,树立优秀教师榜样,推选出 2018 年度"最美宸宜人"。

二、活动形式

1.每位教职工推举一名心目中"最美宸宜人"作为候选人(写出"美"在哪里,字数不少于 200 字),先进行班组内推选,每组推选 3 位候选人至评选小组。评选小组成员为领导班子成员及教师代表。(除候选人外)

2.评选小组选出 10 位"最美宸宜人",进行全园公示,接受教师及家长的监督,最终确定无误后进行表彰。

三、活动时间

个人推选时间:2019 年 2 月 19 日。

班组推选时间:2019 年 2 月 25 日前。

评选小组推选时间:2019 年 2 月 28 日前。

表彰时间暂定:2019 年 3 月 8 日

四、活动要求

1.全体教职工秉承公平公正、弘扬正气的精神进行推选。

2."最美宸宜人"评选后,所有选上的人员在"爱满宸宜"活动中进行事例展示。

附:

通知

尊敬的各位家长、教师们:

幼儿们已经在幼儿园又度过了一段难忘的时光,在这段时间里,园所和教师不遗余力地为幼儿们营造自主宽松、和谐快乐的环境。家长们也一直努力和幼儿园积极配合,树立新的教养理念,给幼儿高质量的亲子陪伴。在共同见证幼儿们成长的过程中,大家一定发现了很多值得回忆的、令人感动的事。有教师和幼儿之间的,有家长和教师之间的、幼儿和幼儿之间的等。也许只是一件小事,但深深触及了我们每个人的心灵,让大家备受感动。幼儿健康成长需要充满爱的、正能量的环境,这就需要我们共同营造。为了培养我们的幼儿拥有善于发现爱、感受爱、表达爱的良好素养,做一个心中有爱,积极阳光的人,我园开展"爱满宸宜"——主题分享活动

活动具体要求如下:

1.参加人员范围:全体家长、幼儿(自愿参加)、教师。

2.活动主题:"爱满宸宜"。

3.活动内容:体现宸宜幼儿园中爱的感动的故事。

教师与家长之间的感人故事;教师和幼儿之间的感人故事;幼儿与幼儿之间的感人故事;教师和教师之间的感人故事;家长和家长之间的感人故事。

4.分享方式:

(1)绘画形式。

(2)自创歌曲。

(3)配乐诗朗诵、儿歌、讲故事、情景剧等。

(4)亲子或全体家庭成员形式参与。

5.活动时间:

报名时间:2018 年 12 月 6 日—2018 年 12 月 19 日

活动时间:暂定 12 月 28 日—12 月 29 日

6.报名方式:各班教师至教学助理处报名。

第二节 "三三一"模式下的特色教育之亲师共读

一、活动基于的背景

在家庭教育中,父母是子女的主要教养人,但在共同生活中,祖辈家长也

承担着一定的教养责任。随着独生子女成为社会中坚力量,隔代教育已成为一种普遍的社会现象。宸宜幼儿园地处新城区,居住人口背景多样,但无论是"原著居民"还是"新移民"均存在隔代教育的情况,即使有些祖辈陪伴孙辈的时间并不算长,比如只负责接送且不承担主要教养责任,但不能否认相处过程中仍存在教育现象。因此祖辈的教育素质越来越受到重视,但是当前国内外对于隔代教育的研究甚少,可谓一大遗憾。

苏霍姆林斯基说过,要实现家庭教育科学化,必须对家长进行教育和训练,提高家长作为教育者的素养。家长的教育素质是指家长作为家庭教育者这一特定身份所具有的特殊素质,在学习型社会的背景下,每个人所具备的学习能力尤其重要。在家庭教育当中,祖辈家长面对的是新一代的儿童,这就需要祖辈家长不断反思自身的观念、更新自身的知识。而是否具备继续学习的意识与意愿,是祖辈家长能否继续学习的前提条件。因此,对于隔代教育中的祖辈进行科学育儿观念的培训,也是儿童成长过程中值得深入探索的内容。

二、创新隔代教育培训方式

通过对当前隔代教育培训情况的调查,隔代教育的培训更多来自学校、社区的讲座,随着电子产品的普及,也有老年人通过网络平台进行学习。而这样的培训具有很强的限制性,它要求受众具备一定的文化素养、学习能力以及主动性。曾有研究指出,"超过70%的祖辈家长认为有责任对孙辈进行隔代教育"。我们曾对个别家长做过访谈,祖辈有较强的更新儿童观和教育观意愿,而且时间也比较宽裕,但是很多时候,讲座面向的受体都是幼儿的父母,他们迫切希望可以开展"爷爷奶奶课堂"。也有些家长对于开展"爷爷奶奶课堂"持反感的态度,认为是对于隔辈教育的误解。

如何开展祖辈教育培训? 如何使家园共育理念让家庭每一个成员受益? 如何满足多种需要的前提下实施更有效的祖辈培训? 这样的问题成为我园开展家园共育工作中重点研究的问题之一。

有时候解决问题需要一个契机,每天到了接幼儿的时候,幼儿园门外排起长队,早早便有家长来到园门口,人群中绝大多数都是老人,他们只为了能早一点见到"宝贝孙子(女)",无论严寒还是酷暑都不会阻止这份亲子之情。厚重情感的背后藏着很多隐患,排队人群过多,影响交通;每到寒冬季节,老年人的身体又吃不消。

宸宜幼儿园始终秉持大爱理念,做有温度的教育,为了让爷爷奶奶们不再受冻,借机进行隔代教育培训,"师亲共读,助力成长"家园共育活动应运而生。对于幼儿园来说,活动充分利用碎片时间,为家长和教师搭建沟通和交流的平台,在为家长提供温馨的等待环境同时,传播科学的教育理念;对于家长们来说"站着等不如坐着等",温暖的等待同时还能学习育儿知识,深受隔辈人的喜爱。讲座内容短小精悍,贴近生活,结合当下热门话题,针对性强,创新隔代教育培训的方式,以温和智慧的方式协助祖辈更新儿童观和教育观,实现家园共育的意义。

图 6-6　有温度的教育

附："师亲共读,助力成长"活动方案

活动目的

为加强家园合作,促进园所与家长的和谐互助氛围,增强教师的交流与沟通能力,同时为家长提供温馨舒适的等待环境,充分利用碎片时间开展家园共育工作,特此开辟针对隔辈教育理念转化的新思路。宸宜幼儿园开展冬季"师亲共读,助力成长"活动。

活动内容

一、活动时间

12月2日起至12月27日

二、活动参与人员

(一)全体教师,全园家长。

(二)讲师人员。

三、活动场地

宸宜幼儿园多功能厅。

四、活动具体安排

(一)活动形式:利用离园前30分钟的时间,教师和家长做交流互动,每期一名教师,根据自身情况开展不同的主题讲演活动,可设计为演讲、互动交流、读书、故事分享、案例分析等多种形式。

(二)每天下午4:15-4:20开门,安排家长秩序进场,4:20准时开讲(大门关闭),结束后安排家长秩序接幼儿离园。

(三)每一期由主讲教师进行互动交流,接力教师负责帮助协调现场及照相等事宜,并由主领教师交流结束后向家长介绍接力教师为下一期主讲人。

(四)讲座内容选择。

1.幼小衔接工作中家庭教育应该注意哪些内容。

2.《3-6岁儿童学习与发展指南》解读。

3.亲子游戏的种类和玩法。

4.优秀教育(家庭教育)案例分享。

（五）活动要求

1.互动内容要充分体现园所文化理念、办园宗旨等核心价值体系。高质量高标准选定交流内容,同时向家长展示教师个人素养。

2.参与互动交流教师要高度重视,活动前教师交流内容需与领导小组负责人商定讲演内容,确保内容适宜。

（六）活动保障

1.活动需家长学校、教育教学、后勤保障三部门通力合作,保证活动安全顺利进行。

2.活动前十分钟布置好场地,相关人员到岗。

3.宣传报道以每周为一组新闻开展报道活动。

4.开辟家长信箱,向家长征集意见及建议。

三、成长与收获

（一）对于园所和教师

在进行共读活动之初,曾有过这样一个现象,有一些老人们宁愿在外面冻着也不愿意进来暖和地听讲座,经过对此情况的询问,得知是因为共读时候经常会因为教师们的"拖堂"导致家长不能第一时间去接幼儿,这些人认为这是耽误时间。这样的现象让我们感受到想要转变家长的理念是一件漫长又艰巨的任务。结合此类情况,在第二年和第三年开展活动之初,针对共读内容进行筛选,找到家长们喜欢并愿意了解的育儿知识点,通过了解隔辈抚养者来部署活动内容,让教师们提前做好充分的讲座准备,同时规定讲座时间,让家长学习的同时也不影响接幼儿。通过这样的转变和调整,师亲共读活动成了家长朋友们最喜欢的活动之一,主动参与人数明显增加。

（二）对于家长

隔辈教育被很多人诟病的同时,我们无法回避其存在的意义和价值,提高隔辈教养者的教育素养是值得深刻讨论的话题。宸宜幼儿园采用"亲师"共读的方式,找到了一条与隔辈教养者对话的有效途径,切实帮助老年家长们解决育儿难题,甚至是家庭关系的困扰。活动中我们收到很多家长的反馈,对于园所重视隔辈教育以及关爱老年人的做法非常认可,同时让参与活动的家长们学习到了科学的育儿知识。

(三)对于幼儿

所有活动的直接或者间接受益人都是幼儿,家长们学习的动力也是希望可以直接帮助幼儿们健康快乐地成长。

第三节　"三三一"模式下的特色教育之家庭实验室

一、背景介绍

《3-6岁儿童学习与发展指南》指出:"幼儿的科学教育是科学启蒙教育,幼儿科学学习的特点是激发探究兴趣,体验探究过程,发展初步的探究能力。要结合幼儿思维和认知特点,充分利用自然和实际生活机会,引导幼儿体验科学探究的方法和过程,逐步养成科学的学习态度和能力。"每个班级都开设了科学角,但是班级内的科学角远远满足不了幼儿科学探究的欲望,因此,我们决定在家庭中建立科学角,将幼儿的科学探究热情延续到家庭中,家园同步共同培养幼儿的探究能力,让幼儿逐步养成科学的学习素养。

二、共研中见效果

(一)教师共研成效大

带领幼儿进行科学领域的探究学习,作为教师更要了解在科学领域如何进行引导以及科学领域幼儿应该具备的能力等。因此我们首先要熟读《3-6岁儿童学习与发展指南》,我们采取集体研读、教师自学、外出培训学习相结合的方式。有知识的学习和优秀案例作为引领,让教师们对科学领域的相关知识有了清晰的认识,这样更有利于我们开展科学领域的相关工作。

园所开展了《低结构材料在科学领域的投放与应用研究》,各班的科学实验角成立起来后,如何投放科学材料是教师们最关切的问题。材料投放是一门教学艺术,是教师专业能力发展的重要条件,更是影响整个教学效果的重要因素。园所在科学区角中,投放了大量的低结构材料,比如:丝瓜、颜料、一次性手套、沙子、塑料瓶子、塑料盒、木棍、各种豆类、各种蔬菜根、洗洁精、吸管、花瓣、大蒜、鸡蛋、盐、醋、气球、小勺、万能工匠材料、酒杯、毛巾、放大镜、乒乓球、筷子、牙刷、泡泡液、量杯、滴管、雪糕棍等。

科学探究活动中投放丰富多样的低结构科学材料有利于幼儿主动参与,操作的探究材料具有生活性、层次性、针对性,幼儿充分探究各种操作材料的同时,也可以通过种植、观察、操作等各类活动,亲身经历摸索过程,从而使幼儿关注到一些简单的事实,逐步形成科学的认知态度。每个幼儿都能在这一丰富、有趣而带有探索性的环境中,获得探究的满足感和愉悦感。低结构科学材料本身就蕴含着自我教育的价值,不仅能够使幼儿进行独立的探索活动,而且能促进幼儿从变化中大胆的探索和尝试,获得更多的成功体验。

(二)师幼共研效果佳

在幼儿园一日生活的各个环节存在许多科学探究活动。对于一些偶然发生或出现的有教育价值的事物和现象,园所抓住偶然的教育契机,及时组织、指导幼儿进行观察和探索,使偶然的机会成为必然的教育。

在科学探究活动中,问题是引发幼儿探究的一个重要因素。做早操时的器械棍棒,只要放到地面上就来回滚动。为什么棍棒会滚动呢?怎么做能让棍棒不滚动还能方便做操?幼儿们开始了探究活动,有的幼儿从班级中找材料做支架,有的幼儿给棍棒里面装豆子增加重量,有的幼儿给棍棒上面贴胶带增加摩擦力,等等。通过幼儿们的主动探究,做早操的棍棒各具特色,棍棒不再滚动了,幼儿们拿着自己探究的棍棒做操,脸上洋溢着成功的喜悦。

9月园所的植物园都丰收了,有大大的冬瓜、红红的辣椒、丰硕的葫芦等。生态科学探究课程之旅开始了,一个小小的籽是如何长成果实的呢?太多的奥秘值得我们去探究,教师根据幼儿的兴趣点,开展了如"辣椒里为什么会辣"等一系列探究活动。

教师要鼓励幼儿在科学探究活动中主动探索、积极思考。教师以参与者的身份加入幼儿的活动中,通过询问与点拨,引导幼儿发现问题和尝试解决问题。在参与的过程中,教师可以通过与幼儿的互动,更深入地了解幼儿的探究态度、解决问题方法,并采用语言指导等策略给予幼儿及时的支持。

(三)亲幼共研促成长

为了满足幼儿源源不断的探究热情,并提高幼儿的科学探究能力,让家长给幼儿带来丰富有趣的科学体验,在班级的家长微信群中,发出号召,建立家庭科学实验角。

家庭科学实验的设立之初是本着自主自愿的原则进行的,每个家庭结合自身的家庭特色和空间能力,给参与家庭科学实验的幼儿一定的空间时间,给幼儿提供充足的探究环境。家长可以和幼儿在家庭进行小植物种植、小动物饲养、科学小实验操作、常见物理现象的认识等,家长根据幼儿的兴趣、能力,积极为幼儿提供相应的材料,帮助幼儿了解自然科学的秘密,同时在科学

图 6-7　家长在微信群里报名及幼儿在微信中展示的家庭实验

探究的过程中,注意培养幼儿的观察能力、记录整理能力,家长可以以照片或视频的形式记录幼儿的科学探究过程和结果,通过家长微信群再反馈给班级教师。小朋友通过录制小视频,语言表达能力有了明显提高、语言组织能力有了显著增强,以前不太说话的幼儿通过家庭科学实验角的创设活动,也变得活泼健谈了。

幼儿在家庭中进行的科学探究活动可以在第二天来园的时候把相关的材料带到幼儿园中,通过现场展示的方式与其他幼儿一起分享。如"气球爆炸""彩纸变变变""多种材料吹泡泡""自制泡泡水"等。科学探究的范围涵盖了磁力、空气压强、密度、水实验、化学反应试验等,幼儿的探究能力越来越强,语言表达能力也越来越有逻辑性。看到幼儿们的表现,家长们的参与度越来越高,越来越多的家庭加入科学实验角的队伍中。

家长参与幼儿的科学实验探索,不仅提高了家长对幼儿、幼儿园,以及对幼儿教育的了解,而且为幼儿园其他工作的开展、为幼儿的发展奠定了良好

图 6-8 幼儿在家庭实验室的
实验微信群分享

图 6-9 幼儿在家庭实验室中做
实验

的基础。一系列的科学探究活动,不仅培养幼儿主动探索、积极思考的能力,而且家长与幼儿相处的方式方法也有所改变,家长学会了及时发现问题,紧抓教育契机,激发幼儿主动寻求答案。同时幼儿也感觉到了父母与自己共同学习、一起探索的活动乐趣。家长不再是幼儿园教育的旁观者,而是成为幼儿园教育宝贵的资源库,家长在参与活动的过程中,缓和了家园矛盾,促进了亲子关系的融洽。

三、科学实验大展台显身手

亲子特色活动之"家庭科学实验室"让家长们都看到了幼儿们的成长和变化。为了能将家庭科学的小实验让更多的幼儿受益,园所将利用儿童节活动的契机召开"家庭科学实验大展台"活动。幼儿园将三楼六个教室全部作为科学大展台的展示教室,给幼儿提供了充足的空间。

科学实验大展台要求参与展示的家庭,不仅仅展示幼儿独自为其他小朋友讲解和演示实验,更重要的是展示幼儿带领其他幼儿一起实验,了解其中的实验过程和实验原理。

本次展示活动共有 44 个家庭自愿参与,从展示实验的选择、展架的制作、

图 6-10 亲子布置家庭实验大展台的背景板

图 6-11 幼儿在家庭实验大展台进行实验展示

摊位的设计与摆放、幼儿的讲解与实施,全程均由幼儿负责。幼儿在讲解实验之前,简短地介绍一下自己在家庭实验的过程,家长在展厅的现场是辅助人员,是配角,幼儿是此次展示的主角,家长们要服务和配合好幼儿的展示工作。

44 个家庭给全园的幼儿们带来了意义非凡的科学小实验,有力学、电学、化学反应、浮力、磁力等,负责展示的幼儿们大方、自信且思路清晰,语言表述完整,家长们负责为幼儿录像、拍照,1 个小时的实验展示时间中,幼儿充分地展示自我,认真讲解科学实验的流程、原理,指导其他家庭做好科学实验。作为大班的哥哥姐姐,为全园的小朋友们做了好榜样。

四、"家庭科学研究共同体"应运而生

图 6-12 王园长讲话

幼儿们的探究热情以及家长们的积极参与,让幼儿在科学实验大展台的展示过程中展示出了惊人的能力,所有参加活动的家庭都深切感受到了幼儿的成长和变化。我们相信幼儿的能力是强大的,因此,家庭科学研究共同体应运而生。

正如王园长所说："家庭实验室项目是'家园共育'理念的进一步展示，并首次在大班家庭中进行尝试，中班也在以同样的方式引领着家长共研共育，而且科学实验的内容也在逐渐丰富。家庭是幼儿永远离不开的学校，家长是幼儿的第一任也是终身的教师。我们一起播撒下爱科学乐探究的种子，种在幼儿的心田，相信它们一定会在幼儿纯真的心灵扎根。

全国模范教师、浙江省特级教师、中国十大科学传播人物、首届全人教育奖提名奖陈耀教师为此次参与"家庭科学实验大展台"的家庭们，亲笔题词"田野科考 家庭实验唤醒幼儿沉睡的创造力"，希望幼儿们能回归园野，在大自然中感受科学，深入思

图6-13　家庭科学实验室创始人、特级教师陈耀在"家庭科学研究共同体"成立仪式上讲话

考，以自己的智慧进行创造！希望幼儿们能继续保持家庭科学实验，持之以恒，深入研究，成为未来的科学家、未来的诺贝尔奖获得者。

天津市北辰教研室魏中和主任也对幼儿们寄予了殷切的嘱托，希望家长和幼儿们能继续坚持下去，区里从事科学教育的专门研究员，会从专业角度给园所带来规范的指导，做好小幼衔接，保护幼儿们科学探究的兴趣。希望家长们放下手机，让幼儿们远离电子产品，未来

图6-14　天津市北辰教研室主任魏中和在"家庭科学研究共同体"成立仪式上讲话

的竞争是科技的竞争,需要创新能力的发展,希望幼儿们依托家庭科学实验室,不断培养科学研究的兴趣,发展初步的科学探究能力,树立研究的科学素养。

有越来越多的家庭加入了"家庭科学实验室"的行列。"家庭科学实验室研究共同体"的建立,不仅是一个美好的开始,更是为园所的发展指明了方向和前进的动力。

图6-15 "家庭科学实验室研究共同体"成立揭牌仪式

星星之火可以燎原。家庭科学实验室是星星之火,我们要不断地传递下去。陈耀教师将代表"科学之力"的火炬传递给王淑青园长,寓意我们的园所将开启"科学探索"的大门;园长将火炬传递给教师代表,寓意科学将在我园生根发芽;教师代表将火炬传递给大班的家庭代表,大班家庭代表将火炬传递给了中班和小班的家庭代表,一届一届地往下传递,寓意"科学之力"将不断传承,生生不息,永不熄灭。

科学改变生活,科学让我们的生活更加便利,希望"家庭科学实验室"让幼儿从小有一种科学探究的意识,培养幼儿科学核心素养、让幼儿爱上科学探究、学会寻找科学本质。

第四节 "三三一"模式下的特色教育之省亲活动

一、活动背景介绍

省亲活动是园所特有的活动之一,已经开展两届了。"省亲"意味着回家,看似简单的"回家"却牵动着太多人的心弦。

一是幼儿:幼儿园的毕业生进入小学已经一个学期了,经过幼儿园三年教育培养,进入小学是否能够顺利适应小学生活,在小学的一个学期中会出现哪些问题呢? 现在大班的幼儿也对小学生活充满了向往与期待,但是真正的小学生活是什么样的呢? 哥哥姐姐们在小学还适应吗?

二是教师:幼儿们的小学生活同样牵动着幼儿园的教师们,教师们都想知道幼儿们的小学生活过得怎么样?小学生活适应吗?等等。

三是家长:同样对幼儿们的小学生活充满期待与紧张的还有即将升入小学的现大班的家长们,升入小学的幼儿,出现各种各样不适应的问题以后,家长们都是如何应对的呢?

因此,面对幼儿、教师、家长的三方诉求,园所在学期末举办了一场师亲幼全员参与的"省亲活动"盛宴。

二、活动开始前的共研

(一)师幼进行的共研

大班的幼儿们一听说要见到一年级的哥哥姐姐们了都非常开心兴奋,有好多的话想跟大哥哥大姐姐们说,可是问题来了:有的幼儿说:"哥哥姐姐来的时间就那么点儿,我们有那么多的问题要问,时间不够了怎么办啊? "有的幼儿说:"我们还想给哥哥姐姐们准备一个小礼物呢。"有的幼儿说:"我想让哥哥姐姐们看看我们的小本领哦。"一场别开生面的研讨会开始了:

一是每个小朋友想出 3 个最想问的问题。

二是每个小朋友说一说大家最想送什么小礼物给哥哥姐姐们?

三是每个小朋友说一说想让哥哥姐姐们看自己的哪些小本领?

图 6-16　大班幼儿与一年级的大哥哥小组交流研讨

通过小组研讨,教师们了解了幼儿们五花八门的问题以及想要表达的想法和意见,经过研讨达成一致意见:小礼物可以根据自己的意愿在活动区提前制作完成,小本领可以全班幼儿一起来展示。但是交流问题环节幼儿们还想自己问哥哥姐姐们问题,想跟哥哥姐姐们交流一下。面对幼儿们的想法,教师们没有驳回,而是和幼儿们积极想办法。教师告诉幼儿们会有多少个毕业生来班里进行交流,幼儿们根据毕业生的人数和教师们研讨出最佳的交流方案,有的班级研讨出了抽签结对子的方式,有的班级研讨出了小组座谈会的方式,有的班级研讨出了玩游戏结对子的方式,还有的班级研讨出了面对面交谈的方式等。

(二)与家长进行的共研

"省亲"活动涉及的毕业生比较多,时间又定在学生期末考试以后,但是毕业生分布在天津的各个区县,因此,教师将活动的通知与活动的意图在毕业班的家长群中进行说明,一是了解参加"省亲"活动的人数,二是统计毕业生参与活动的大概时间段,尽量保证大多数的毕业幼儿都能参与"省亲"活动。

园所将毕业班的家长根据幼儿升入小学所在的区级地理位置,即南开区、河东区、河西区、河北区、红桥区、东丽区、北辰区、滨海新区等,通过问卷调查的方式,选取毕业生家长代表将幼儿入学一学期的情况进行梳理,与现在大班的家长们进行交流。

通过家长填写问卷的内容,园所可以了解到每一位幼儿的发展状况,从中也能看到家长们为幼儿的顺利入学适应所做的努力。有的幼儿去了公办小学,有的幼儿去了民办小学,各个区都有幼儿园的毕业生。因此,园所选择了来自北辰区、市内六区公立学校以及私立学校的幼儿园毕业生,他们就读的学校和幼儿的成长轨迹具有一定的普遍性和代表性。

三、活动中的共研

(一)毕业生家长代表分享经验

参与共研人员主要有天津市中小学教研室学前教育部回蕴玫主任,北辰教学研究室语文教研员王家明教师,北辰区教学研究室学前教研员张洁教师,秋怡小学的教师代表,毕业生家长代表以及中班大班参与活动的家长们。

图 6-17　毕业生家长代表们分享经验

毕业生家长代表经验分享环节。毕业生家长代表对幼儿的"幼小衔接"入学适应情况进行了分享交流。

河西区、和平区的家长代表首先对宸宜幼儿园的教育理念、德育教育氛围、科学小实验的探究活动、幼儿各种艺术兴趣的培养、传统节日的仪式感教育、幼儿入园适应期等方面给予充分肯定,同时给家长们介绍了经验:第一,让幼儿养成查字典的好习惯,不认识的字,或者是不确定的字,一定要自己查,自己认,这样记忆比较深。第二,幼儿课本里出现的所有汉字,包括幼儿课外读物出现的汉字,一定要单独拿出来看看幼儿是否认识,是否了解汉字的意思。第三,多读课外读物,丰富幼儿自己的汉字库。第四,把之前幼儿遇到的不熟悉的汉字总结起来,让幼儿在闲暇时间自己再强化记忆一下。第五,幼儿日常接触汉字的时候,尽量拓展一下,把汉字的组词,运用方式,词语的近义词反义词都给幼儿总结一下。第六,经常陪幼儿做一些汉字游戏,比如加减笔画组成新字、猜字谜等。总之,幼儿在小学的低年级阶段,积累很重要,学习兴趣更重要,一定让幼儿从内心喜欢学习,爱上阅读,养成好的学习习惯。

河北区、红桥区的毕业生家长代表首先对自己幼儿的入学适应情况做了一个简单介绍。孩子目前几乎没有感觉到丝毫对新环境的焦虑和不适感。与同学相处融洽,自己能合理安排课间,喝水、上厕所以及和同学沟通。上学前整理书包和放学带回所有属于自己的东西,这两点在开学两个星期后,也基本步入正轨,不再需要家长的督促和帮助,也不再丢三落四或者带回别人的东西。家长代表肯定了幼儿园教育对幼儿入学良好行为习惯养成的重要作用,幼儿园游戏化的教育理念让幼儿逐渐学会了自我选择、协同配合,形成了幼儿自信乐观的心理基础,使幼儿在适应新环境时能够做到游刃有余。在学习方面,不赞同学前班关于知识强化的训练与学习,因为幼儿园已经帮幼儿们奠定了符合他们年龄的注意力集中度,常识性知识、发散性思维、广泛性审美以及开放性表达都已经贯穿在日常的游戏教育中,有了这些储备,幼儿仅需要具备抗压能力。

北辰区的毕业生家长代表认为在幼儿园教育方面,幼儿园一直在为幼儿们步入小学储备各方面的能力,平日里幼儿在班级的自主选区既让他们培养自己的兴趣爱好又充分尊重幼儿,锻炼他们做自己的主人,教师在代课的过程中融入了绘本故事、实验、围棋、武术等内容,引导幼儿学会积极思考,锻炼解决问题的能力,拥有强健的体魄,除此之外园所积极组织各种活动,例如实操看电影活动,从组织、设计电影票、买票、售票、表演等各个环节均由幼儿们自主完成,除了本班活动,学校从大班开始根据幼儿们兴趣爱好,组办兴趣社团,书法、泥塑、打击乐、舞蹈应有尽有,每一次的六一活动学校都提前好长时间开始准备,设计各种活动锻炼幼儿的全方面能力,小剧场活动、各种科学小实验等,每一件都在为幼儿着想,锻炼他们的各方面能力,为他们将来走向小学打基础,更为他们的将来储备能量。家长代表对于幼儿园的家园共育工作给予了充分肯定。

民办学校毕业生家长代表给家长们提出了建议提前带幼儿熟悉小学的环境,逐步培养幼儿的时间观念和自理能力,养成记笔记的习惯,建议幼儿要有足够的运动,父母要学会陪伴,培养幼儿按时完成作业的习惯,培养幼儿预习和复习的好习惯。

（二）家长互动过程的共研

毕业生家长的分享让中大班的家长们心里更增添了一份踏实与肯定，家长们受益匪浅，对幼儿园的教育理念有了更深切的认识与体会，更加坚信了幼儿园的教育。在互动过程中，家长们也对幼小衔接的具体实施方式进行了提问，不仅有毕业家长的回答，同时也有专家的现场答疑。

图 6-18 北辰区语文教研员
王家明分享经验

北辰区教学研究所语文教研员王家明教师针对幼小衔接中除了识字还需要做哪些方面的准备做了详细的讲解。

北辰区教学研究员张洁教师就如何对待幼儿中大班学习中出现的问题进行了专业的解答。

天津市中小学教研室学前教育部主任回蕴玫主任结合自己的教育教学经历为家长们解答了如何帮助幼儿们更好地进行幼小衔接的问题。

图 6-19 天津市中小学教研
室学前教育部主任回蕴玫分享
经验

王淑青园长与家长们分享了一些教育案例以及影响幼儿一生的 8 个教育要素，强调家长要更注重培养幼儿乐观的心态，并提出幼儿应具备学

图 6-20 北辰区教学研究员
张洁教师分享经验

图 6-21 园长王淑青分享经验

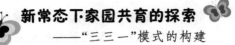

会感恩懂得宽容,直面挫折的勇气,学会自我保护,敢于创造梦想,正确看待金钱,良好的沟通能力和正确认识自我等。

四、活动成长

(一)幼儿在交流研讨中促成长

省亲会形式新颖,毕业生重做礼仪操、重新体验幼儿园的饭菜,毕业班幼儿与中大班的幼儿通过面对面的沟通交流,大胆表达自己的所见所闻,充分锻炼了逻辑思维能力和语言表达能力。中大班的幼儿们能主动询问自己的问题,制作小礼物等,让幼儿体会到成长的快乐,同时也学会感恩,懂得尊重别人。

(二)家长在交流研讨中达共识

对于幼小衔接问题,通过毕业班家长们的分享交流、专家的现场答疑以及现场家长们的互动交流,中大班的幼儿园家长们对幼小衔接问题已经不再紧张和焦虑了,大家对幼儿园的教育理念均表示认同,幼小衔接不仅仅是知识的衔接,更重要的是能力和学习品质的衔接,幼儿园在幼儿的非智力因素的培养方面非常用心和努力,只要家园同步,对幼儿充满信心,相信每个幼儿都能顺利度过幼小衔接阶段。

第五节 "三三一"模式下的特色教育之家长学校

一、开展萨提亚家庭关系沙龙背景

当前互联网日益壮大,家长从网络中获取育儿知识已经成为学习的主要手段,面对形形色色的教育理念,家长容易陷入误区。家长学校作为当前新型的家园共育方式,被幼儿园广泛推广,多采用讲座的方式进行或者定期开展家长座谈会等。但如此的方式,难以系统地了解家长的育儿需求,同时难以通过简单的讲座帮助家长解决问题,有时甚至因为教育理念传输不准确导致家园共育出现理念不和谐等现象。一边是家长学习育儿知识的需求,一边是幼儿园倡导科学育儿的初衷,找到能满足二者的家长学校方式是当前众多园所需要探索家园共育方式的重要内容。

以沙龙形式进行集体学习是近些年来广受家长好评的学习方式,一些园所开展父母学习沙龙,收效明显。宸宜幼儿园拥有专业的心理咨询师和心理学专业毕业的教师,具备从专业的心理学角度开展家长工作的条件。经过对各种沙龙方式的了解和借鉴,结合家长育儿困惑的主要内容,最终确定以"萨提亚模式"开展家长学习沙龙。

萨提亚模式的创始人是世界著名家庭治疗大师维吉尼亚·萨提亚(Virginia Satir)女士,经过几十年的沉淀与传承,成为当今极负盛名的心理咨询及家庭治疗流派。萨提亚模式基于人本基础,尊重每一个个体的独特性,重视人与人的关系,通过心灵体验的方式,提高人性自尊,改善沟通方式,使每个人都能找到"身心合一"更加统整的自己。萨提亚模式提倡找到"我",只有每一个人都能找到真实的自己,对自己更加负责任,才能真正与他们建立良好的关系。萨提亚多种治疗信念,能指导家庭教育向更加良性的方向发展,让家长从一个全新的视角看待自己的角色、幼儿的角色以及亲子关系,因此将萨提亚模式引进儿童家庭教育和管理中来,对每位父母来说都会受益匪浅。

二、萨提亚家庭关系沙龙内容

(一)沙龙名称:萨提亚家庭关系

(二)沙龙主持人:邵瑞雅,具有多年儿童教育一线工作经验,国家二级心理咨询师,国际自然医学会 IHNMA、世界医学会 WMECC 认证催眠治疗师,高级育婴师,儿童教育指导师等,接受过系统的萨提亚家庭治疗体系课程培训。

(三)沙龙时间:90分钟

(四)沙龙内容:沙龙共分为八次线下活动

1.你和我:彼此认识;了解沙龙内容和要求。

2."冰山"的启示:了解萨提亚咨询模式重点内容;认识"冰山"。

3.面对自己:通过案例雕塑方式认识"问题"中的自己。

4.面对关系:通过案例雕塑方式认识"问题"中的关系。

5.怎样倾听:了解倾听的意义和价值;学习倾听。

6.如何表达:通过案例雕塑方式学习一致性沟通表达。

7.愿望与期待:了解自己所需;了解幼儿所需;看清关系中的期待。

8.更好的自己(父母):回顾学习历程,体验成长。

(五)沙龙人数:20—24人

(六)参与者的要求:

1.宸宜幼儿园在园幼儿家长(仅限父亲或母亲);对科学育儿理念感兴趣,对萨提亚模式感兴趣或者基于本身亲子关系困惑的家长。

2.能按时参与沙龙活动,乐于学习,愿意通过团体学习改变自己。

(七)沙龙要求

1.成员准时参加,遵守沙龙活动要求,积极参与体验活动,互长互助。

2.沙龙活动为成人学习平台,参与成员不能带幼儿。

图 6-22　第一期家长沙龙

图 6-23　第二期家长沙龙

第七章　构建新常态下家园共育新思路
——"三三一"模式下的教研

第一节　共研小组的确立与研究

一、共研小组的建立背景

近些年随着家长文化水平的提高，对幼儿全面发展的关注度越来越高，同时园所更注重幼儿的均衡发展，家园共育的合作空间多种多样。多数家长有参与家园共育的愿望，但在互动过程中显得不积极。很多家长认为通过家园共育可以解决幼儿在家庭教育中无法解决的难题，由于部分家长预期过于理想化，往往活动达不到他们的预期，从而积极性减弱。多数家长对自身在家园共育中的定位不清晰，他们认为自己是配合的角色虽都愿意参与，但仍停留在被动分配参与的层面。目前家长与幼儿园的沟通渠道虽多，但沟通的频次和深度不够。沟通方式大多是教师单向输出，与家长面对面沟通的机会少。家长与幼儿园大多通过接送幼儿的面谈、家长会、电话咨询等传统形式，而在这些形式下双方沟通的实际内容也只针对幼儿在园期间的行为向家长通报，同时教师根据幼儿在园期间表现向家长询问幼儿在家的表现等，基本不会涉及双方对教育方式与教育理念的沟通，使得家园共育只拘泥于形式上的浅层次沟通，无法从本质达到家园共育的目的与效果。

通过了解家园共育的现状，园所归纳出家园共育的问题有：

1.对家园共育观念认识不清、参与活动积极性不高。

2.家园共育活动趋于表面化。

3.沟通表达方式存在盲目性和局限性。

4.教师与家长角色定位混乱。

二、共研小组的实践过程

家园共育强调一个"共"字,它体现了家园共育是双向、平等的活动,是家长、教师、幼儿三位一体的,同时也是家长与教师、幼儿相互了解、相互支持、相互配合的过程。"研"与"育"字不同,园所更加注重研究激发家长的教育能力,提高家园共育效果。

(一)统一育儿理念、加强与家长的沟通,建立良好的沟通平台

通过"亲子运动会""家长开放日""爱满宸宜""红歌会"等大型活动宣传幼儿园理念,同时利用与家长面谈、电话联系、家访、微信平台等方式加强联系。在微信群里,教师坚持分享每日的学习内容,传达园所"亲近自然,发现美好,感恩生活,主动创造"学风,以促进幼儿能力的全面培养。在沟通中渗透"释放天性,放飞梦想,让幼儿在游戏中幸福成长"办园宗旨,在领会园风"自然、自主、和谐、求真、求新、乐观"的基础上,在共同探讨建立良好的亲师幼平台。

(二)转变家园共育观念,树立正确的角色定位

大部分家长认为在家园共育中自己是配合的,还有些家长认为幼儿园有责任把幼儿教育好。通过亲师幼共研活动,首先要做的是让家长转变观念,让家长了解到家长是活动中重要的参与者和合作者,同时也是活动中的观察者和学习者,而幼儿则是亲师幼共研活动中的推动者和参与者。

例如在营养果汁店生成过程中,教师在一次区角游戏中发现幼儿的兴趣点,及时把幼儿这一特点反馈给家长,家长则主动带幼儿去参观实际生活中的饮料店,在参观过程中将幼儿表现及时反馈给教师。教师层层引导幼儿去观察饮料店里有什么,第二天与所有小朋友分享经验,为幼儿梳理创设饮料店需要的材料并及时分享给家长,家长和幼儿们一起商量制作饮料店的价目

表、榨汁机等。营养果汁店的成功建立充分发挥了亲师幼共研的智慧,体现了家长角色的重要性。

(三)在亲师幼共研案例的带动下,亲师幼共研活动深入开展

在教研的带动下,分享亲师幼共研的案例,仿佛成为照亮教师们的明灯,各班纷纷开展亲师幼共研活动。在亲师幼共研活动初,以班级为单位,围绕五大领域开展活动。中一班围绕主题活动开展"花的秘密",教师、小朋友、家长一起了解不同花的特点、花语、种子等等,在活动中幼儿变身成"小教师",与小朋友分享"花的秘密"。同时在活动延伸中,教师观察到幼儿们对种子感兴趣,又开展了"奇妙的种子"系列活动,在活动中幼儿不但观察种子的区别,而且培植各种种子,让"小种子宝宝"在小朋友的家里"流动"起来,家长们和幼儿们一起观察讨论如何照顾种子宝宝。

(四)亲师幼共研小组的成立,激发家长、教师、幼儿共研的兴趣

各班开展亲师幼共研活动中,园所及时收集整理来自家长、教师的反馈,对幼儿的学习状态进行对比研究,就像中三班某个幼儿爸爸的反馈中写道:亲师幼共研活动,好像让宸宜幼儿园突然有了自己的气质和精神,就像园歌里唱的宸宜幼儿园是我们的大家园,感觉我们都是一家人,一起探讨,一起成长。

通过教研讨论,我们决定做一个大胆的尝试,打破班级的限制,组建亲师幼共研小组。

1.共研小组的建构

(1)共研小组的缘由

共研小组的主要发起来自两方面的启发,一方面是源自园所是新建幼儿园,教师资源不足,新教师专业能力提升慢;另一方面家长越来越关注幼儿的成长,同时在育儿的过程中遇到问题不知如何解决两方面的需求。

(2)共研小组的构成与成员招募

共研小组是根据幼儿的兴趣,分为晨间活动共研小组、读书区共研小组、美工区共研小组、建构区共研小组、益智区共研小区、特色区域共研小组。同时教师也可以根据本班孩幼儿的兴趣点与家长们开展不同共研活动。

共研小组招募要求为自愿参加且能够坚持。

(3)共研小组活动介绍

图7-1　游戏共研

图7-2　图书共研小组

图7-3　美工区

晨间活动共研小组:以晨间活动为契机,与家长一起了解户外运动,探讨户外游戏的更多玩法,同时利用家长资源(中五班一位小朋友的爸爸是大学体育教师,每周二该家长都主动来幼儿园给小朋友们上课,中午与教师们进行教研活动)提升教师的专业能力,开展爸爸训练营,加强亲子关系。

读书区共研小组:利用绘本资源与家长开展系列活动,让家长了解绘本中的教育意义,同时通过活动提高家长在语言领域的指导能力,辐射到班级活动中,促进中班组读书区幼儿能力的提升。

美工区共研小组:在美育方面与家长们进行探讨,一起学习,丰富幼儿的实际操作。

建构区共研小组:与家长一起收集生活中可用来搭建的废料物品。例如易拉罐、废纸箱等,丰富搭建的方法、形式,鼓励家长走进幼儿园与幼儿一起动手。

益智区共研小组:把益智区拼插玩具带回家与幼儿交流,丰富玩法,也可以与幼儿一起制作益智区的玩具。

2.共研小组的活动安排

(1)可以就一件游戏材料进行研讨

图7-4　建构区共研小组

例如雪花片可以怎么玩,引领家长们丰富雪花片的玩法,同时了解该玩具可以锻炼幼儿哪方面的能力,除了雪花片,还可以用生活中的什么物品代替。

(2)可以就一种材料研讨

例如美工区共研小组开展的"奇妙的纸"活动,与家长一起研究纸的梯度,根据幼儿的个体差异投放不同类的纸,纸类材料还可以怎么玩等,提升家长、教师、幼儿对纸类材料的了解、投放、运用的能力。

(五)亲师幼共研活动初见成效

通过亲师幼共研活动的开展,打破了以往幼儿园、教师主导的活动,从途径和形式上进行创新,从幼儿与家长需求的角度出发组织活动,教师与家长的互动加深了相互间的联系与沟通,幼儿园与家庭互相合作、优势互补。这是一个相互学习、相互教育、相互受益的过程,家园双方通过活动形成教育合力。教师充分利用家庭的教育资源,教师与家长共同教育的过程。在合作中,双方可以交流、分享教育幼儿的经验和困惑,丰富有关的教育知识和技能,改善和提高双方的教育素养。

1.拓展家园共育空间,促进家长参与

亲师幼共研小组活动起初是在各班微信群里开展,每天班级微信群里都是幼儿们和爸爸妈妈一起研究玩具玩法、亲子阅读或者一起绘画的照片和视频,家长和幼儿的参与度逐渐提高了。

同时,园所在共研过程中不断反思,发现有的家长几乎不了解幼儿。例如在益智区共研小组中,有的家长为中班幼儿制作钟表的教具,中班幼儿根本不明白什么意思,只是简单地拨弄几下。家长不了解幼儿的能力目标,不知道

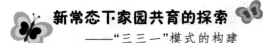
幼儿的最近发展区在哪里。园所通过教研活动,决定打破班级的限制,只要家长愿意参加共研小组,并能够坚持下来,就可以根据幼儿的兴趣扫二维码进入相应的微信群。在微信群中,大家一起交流、分享、研讨,生成丰富多彩的活动。

2.增进亲师幼互动与理解

家长能够更加理解教师的工作。参加共研小组活动,家长可以直接获得幼儿发展的感性知识经验,同时也能从共研中了解教师工作的复杂性,从而换位思考,对教师拥有更多的理解和信任。同时幼儿在亲师幼共研中,收获父母专情的陪伴增强自信心。

3.促进亲师幼互动品质

打破班级的限制,来自不同的家长一起游戏、一起互动,幼儿能在这样一个温馨的集体中与自己的父母、教师、好伙伴,以及其他人一起互动,幼儿逐渐理解家庭、幼儿园、同伴、世界的关系。在益智区共研活动中,幼儿把幼儿园的玩具带回家,与父母一起研究怎么玩,并把自己的创意玩法分享给其他小朋友。在图书区共研活动中,有的家长带来了有意思的绘本分享活动,有的班开展了"我是故事大王"活动。通过共研活动,让亲子之间的互动变得真实而自然。

(六)亲师幼共研的实践反思

1.为家长共育提供引导支持

"421"的家庭组成模式,让幼儿在家庭中承受了太多的期望和关注。通过亲师幼共研活动让家长放下手中是手机和手中的工作,高效陪伴幼儿、观察幼儿,就像一位家长的反馈中写道:"通过共研活动,我才知道我儿子这么厉害,想象力丰富,语言表达能力也很好,完全不是我印象里折磨人的'小妖精'。"是啊,幼儿的童年短暂而宝贵,希望我们都能珍视这美好的育儿时光。

2.引导家长关注幼儿成长

随着对《指南》的学习,我们了解幼儿学习与发展的基本规律和学习特点,珍视游戏和生活对于幼儿的意义。引领家长关注幼儿自身的发展,不是别人学什么,我才学什么。提高家长的育儿能力,让幼儿成为亲师幼共研活动中最终受益人。在活动中有的家长起初只关心别人的评价,例如中五班的崔萌姥爷到班级中讲故事,因为家长没有发表意见而在微信群抱怨道:"难道是我自作多情,为什么你们都不发表意见?"教师第一时间对姥爷进行解释说明:"有时家长们比较忙没有看到手机,但是您讲故事时幼儿们都喜欢听。"及时引导家长的关注点应该放在幼儿的成长上。同时我们在教研中分析老人加入我们共研小组,我们要如何关注,做好沟通,如何处理。

3.优化活动资源,引领新教师专业成长

家长们来自各行各业,在与他们的交流中,新教师收获了更多领域的专业知识,同时帮助教师拓宽了自己工作的思路,减轻了一部分教师的压力,就像教师分享活动,一位教师说:"有时家长积极地参与、反思、帮助就是我的强心剂,让我每天工作充满了干劲。班级群里都是满满的正能量,有时家长合理的建议更促进我不断完善教学,这样的氛围让我成长得更快。"

4.幼儿成长不简单

在亲师幼共研中,我们发现当家长走入幼儿园活动中家长转变角色时,自己的幼儿不能很快适应,有时他们会表现出依恋情绪,有时也会表现出不配合的行为,同时也有一部分幼儿积极性特高,所以我们进行了个案观察、分析记录。在家长来之前与幼儿进行谈话,鼓励幼儿更多正向行为表现,同时尊重他的感受,让幼儿表达自己的情感。中班幼儿正处在智力发展的高峰期,只有家园共同配合好,才能促进幼儿体、智、德、美、劳各方面协调发展。

通过开展亲师幼共研活动,打破了以往幼儿园的常规模式,从途径和形式上创新,从幼儿与家长快乐参与的角度出发组织活动,教师与家长的互动加深了相互间的联系与沟通,教师充分利用家庭的教育资源,教师与家长共同教育的过程。在合作中,双方可以交流、分享教育幼儿的经验和困惑,丰富有关的教育知识和技能,改善双方的教育素养。亲师幼共研活动的目的让家长高效陪伴幼儿,仔细观察幼儿。让亲师幼在生活课程中开展共研、共育、共成长的研究,让宸宜幼儿园有了自己的灵魂,亲、师、幼互为主体,为家园共育贡献教育智慧。引领新教师重视家园共育、优化活动资源、促进专业成长;引导家长关注幼儿全面发展,重视家庭和谐与文化建设;培育幼儿健康的人格、

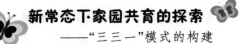

体魄,让幼儿用自己的学习方式不断丰盈建构知识体系,实现素质的全面提升。

三、共研小组活动实例

(一)亲师幼图书共研活动

1.成立的目的

《纲要》指出,家庭是幼儿园重要的合作伙伴,应本着尊重、平等、合作的原则争取家长的理解、支持和主动参与,并积极支持、帮助家长提供教育能力。家园共育是幼儿教育的发展趋势,幼儿园教育和家庭教育优势互补,有利于教育资源的充分利用。幼儿期是幼儿语言发展的关键期,为了培养幼儿良好的阅读习惯,发挥幼儿的语言表达能力。针对幼儿的年龄特点幼儿对绘本感兴趣,我们结合幼儿的年龄特点,与家长一起共研,让家长了解绘本的意义,同时通过活动更好地提高家长的指导幼儿的能力,了解更多有关绘本的知识,帮助家长、教师、幼儿一起共同成长。

2.人员介绍

共研活动的参与形式是自愿形式,其中包括教师 10 人,家长 15 人。

3.活动过程

活动初期,为了培养幼儿的阅读习惯,园所开展了"21 天阅读养成好习惯活动",在打卡活动中有 8 组家庭参与到活动中来,通过活动分享家长们发现阅读已经成为幼儿的习惯,每天到了固定时间就开始翻书,天天妈妈说:"孩子刚说完不看书,走进书房就看见天天在认真看书。"虽然 21 天阅读好习惯养成活动已经结束,但是幼儿们还在继续打卡阅读,这说明阅读已经成为幼儿们的习惯,活动初显成效。

除了打卡活动,园所每周四还会组织线上交流活动。起初,教师带领家长进行共研活动,每周四教师会把共研的内容发到群里,但是每次都要等很长时间才能得到家长的回应,一个小时的共研时间成了教师的独角戏。

通过和家长的交流以及共研活动后的反思,园所针对家长们提出的问题开始调整共研活动,向家长介绍成立共研小组的目的,将共研时间向后推移,每次共研前一天将共研的内容发到群里给家长充分的时间准备。将共研的主角由教师变成家长,家长自愿报名组织共研,他们可以将自己感兴趣的、困惑的或者想要了解的内容变成共研的内容。

经过调整参与的家长越来越多,家长都已习惯提前将共研内容发到群里,教师还是像往常一样提前在群里提醒家长晚上的共研活动,让家长提前调整好时间参与到共研活动中来。共研时间一到,组织共研的家长将问题再次抛出,组织的家长先谈了自己的感受,随后其他家长提问或谈自身感想,从家长的交流中可以看出,家长在陪伴幼儿的过程中有很多感受,幼儿也给了家长很多的惊喜与感动。

在以后的活动中我们继续搜集家长集中感兴趣或困惑的问题作为研究的重点,将问题汇总后进行整理,发挥家长的主体优势,同时吸纳更多人参与到共研活动中来,成为研学共同体的受益者。

4.成长与收获

通过共研活动,幼儿、教师和家长都有成长和收获,共研活动培养了幼儿良好的阅读习惯,发展了幼儿的想象力与创造力以及语言表达能力。通过每天绘本阅读打卡活动,幼儿能够专心看图书、对图书中的文字符号感兴趣。家长从原来的被动变为主动,积极地参与到共研中来,了解了绘本与图画书的区别,幼儿读绘本的意义与价值,了解了亲子阅读的重要性,对如何为幼儿选择绘本有了更深的认识,让家长懂得陪伴的重要性。

(二)亲师幼益智游戏共研活动

本学期一共进行了 12 次线上共研,之前为了调动家长参与的积极性,园所采取的主要方式是互动式游戏,比如:扑克牌游戏、玩教具分享等,家长们虽然参与但是对游戏价值的认识不清晰、不准确,没有认识到游戏对幼儿的重要意义。针对这个问题,教师们决定从转变家长观念的角度出发,让家长真正认识到游戏对幼儿成长的价值。

到底什么是游戏化教育呢? 游戏化教育主要是指两种类型的教育。一种是指直接用游戏的方式来解决各种各样的问题,比如说我们玩俄罗斯方块游戏,消掉这些方块对现实生活没有影响,但是因为有一个明确的目标——尽可能多地消除方块获得高分,同时又设定了一定的游戏规则,让人参与的时候心情愉悦。游戏化教育其实就是把这个非必要障碍变成一个教育中必须要突破的一个环节或一个目标。通过游戏的方式使得完成这个环节更好玩,让幼儿感兴趣去做。第二种游戏化教育是指并不是用一个完整的游戏去实现一个教育目标,而是仅仅运用游戏中的一个要素实现教育目标。即把游戏的元素和游戏设计运用于非游戏场景。

游戏化教育能带来四大好处:第一,游戏化教育可以提升幼儿的能力;第二,游戏化能解决幼儿的问题;第三,游戏化教育可以改善亲子关系;第四,游戏化教育能够建立幼儿的自信心,培养幼儿良好的性格品质。

在共研活动中,教师和家长们感受良多:

涵涵妈妈说:"我从游戏中学到的分解组合,比死记硬背记忆深刻。"

胡教师说:"游戏化教育是让幼儿在玩中学,在各种游戏中实践操作,丰富前期经验,数字游戏里面就巧妙地贯穿着加减,组合和分解。"

彬彬妈妈说:"是的,幼儿更愿意在游戏中接收这些知识。"

涵涵妈妈说:"《3-6岁儿童学习与发展指南》中也明确指出。关于幼儿的"学习",尽管不同的理论、不同的教育价值观有不同的界定,但是基于现代儿童救育学、心理学、儿童发展理论以及学习科学的研究等,对幼儿学习的理解已经达成了广泛的共识——幼儿的学习就是幼儿通过自己固有的方式与环境互动的过程,是幼儿主动地探索周围的社会环境、自然环境和物质世界的过程。这一看待幼儿学习的观点与人们习惯的对"学习"的理解似乎不一致。通常一提到"学习",往往容易仅仅与读书、听课、做作业等学业活动联系起来,把学习局限于学业学习。这种对学习的看法属于一种狭义的学习观,适用于理解某些阶段、某些类型的学习。但是,如果这样来理解3~6岁儿童的学习的话,则是不适宜的。已有许多实例表明,如果成人把幼儿的学习仅仅局限在反复的练习识字、写字、做算术题上的话,将对幼儿的学习与发展造成极大的伤害。看待幼儿学习必须持一种广义的学习观,这是幼儿的年龄特征、认知特征、所持经验的特征及其身心发展规律所决定的。幼儿的'学习',无论是内容还是方式,都有自己的独特之处。幼儿的学习内容是广泛的,包括与人的交往、和同伴一起玩、玩沙玩水、看蚂蚁、捉迷藏,以及参与自己生存所需的所有活动,如穿衣吃饭、洗手如厕等。幼儿的学习方式主要通过记忆大量抽象的符号来学习,通过实际操作亲身体验,去模仿、感知、探究,'做中学''玩中学''生活中学'不断积累经验,逐步建构自己的理解与认识。游戏是幼儿极有意义的学习过程和学习方式,幼儿自己的生活是其学习的重要途径。"

胡教师说:"对,单纯的机械式学习对幼儿只是短暂的提高,幼儿没有真正理解知识,而是机械的记忆,只会让幼儿对学习失去兴趣。"

胡教师说:"书里提升幼儿要通过自身身体与外界事物接触,才能得到教育。我想和大家讨论,那是不是完全放手让他自己去感受就可以了呢?"

涵涵妈妈说:"放手不是不管不问,而是在一定条件下给幼儿提要求,在幼儿需要帮助时给予提示。"

胡教师说:"是,我觉得幼儿的一生有家长的陪伴很重要,但不是单单陪和伴,是要加入幼儿中去,让她们的游戏中有家长的参与,和他共同研究问题、解决问题,有时候家长依赖一下他,问问他遇到这个事情该怎么办?他可能会给你意想不到的惊喜,他会觉得家长不仅仅是父母长辈,也是朋友、同伴。同样在生活中你也会是他遇到困惑问题时的倾诉对象。"

涵涵妈妈说:"没错,对于幼儿游戏的放手是要在有一定规则范围内,让幼儿自由去探索。"

胡教师说:"这也是咱们共研小组的意义之一。"

涵涵妈妈说:"这一点叫我想起'安吉游戏',最早很多家长质疑这个游戏有危险,但实践中发现幼儿从中获取良多。"

胡教师说:"是的,'安吉游戏'不仅仅是一种游戏,它更多强调的是一种游戏精神。"

彬彬妈妈说:"为幼儿创造游戏环境,让幼儿在环境中自由发挥。"

小语妈妈说:"游戏是小幼儿的'工作'。"

孙教师说:"热爱的工作。"

小语妈妈说:"在游戏教育过程中,幼儿是游戏的主角,成人只负责为幼

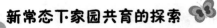

儿提供游戏材料,创设游戏环境,规划游戏时间。幼儿可以自己制定游戏,成人只需做观察者和记录者。我有时看到幼儿做得不够好马上参与进来,不能做一个安静的观察者。这一点还需要改进。"

蒂蒂妈妈说:"感觉游戏更像生活,让生活变得有意思,让学习变得有意思。"

魏老师说:"我觉得游戏就像是学习的趣味,我们都喜欢有情趣的生活,幼儿们当然也喜欢有'情趣'的学习。刚才有一位家长说特别好,要让幼儿'热爱生活,热爱学习'。而游戏是幼儿的天性,现在的教育越来越关注游戏对幼儿各方面能力的提升,这是一种必然的趋势,所以家长和教师需要一起来研究游戏中蕴含的教育价值,只有自己清晰认识到游戏对幼儿成长的价值,才能真正转变教育观念,让幼儿拥有一个快乐而有意义的童年。"

通过此次共研活动,家长们进一步认识游戏。这有助于实现转变家长观念实现游戏价值的这一目标。幼儿、家长、教师三者均有不同收获。

1.幼儿:幼儿通过游戏分享交流,能积极地展示自我,同时在操作过程中又会产生新的问题,通过对新问题的思考,激发幼儿再次探索活动的欲望。共研游戏加强了父母和幼儿们之间的互动,促进了他们之间的情感交流。共研游戏是帮助父母与幼儿安全依恋的形成的好方法之一,对幼儿日后人际关系的形成和发展具有一定作用,帮助幼儿体验了最初的交往关系有利于之后发展社会关系。

另外,共研游戏不但有利于亲子之间的感情交流,还促进幼儿们的健康发展,对幼儿的游戏参与伙伴也起到一定的促进作用,在共研游戏中学到的对待物体的方式和态度对于幼儿日后为人处世和人际交往起到一定的借鉴作用。

2.家长:共研活动有利于促进亲子关系,有利于父母更加了解幼儿,有利于幼儿的身心健康,在活动中父母和幼儿共同学习成长,也可以与其他幼儿父母交流,还可以与教师或者组织者交流,分享教育方式等。

3.教师:教师在活动中得到了与家长充分的交流与沟通的机会,应多创造一些条件,让每一个幼儿和家长都有展示的机会,让他们每个人都能快乐、自信地成长。教师组织各项活动或游戏,都要把教与乐有机地结合起来,使小朋友们在乐中学、学中乐。

(三)亲师幼科学共研活动

幼儿科学教育强调引导幼儿进行主动学习和主动探索,支持幼儿亲身经历探究过程、体验科学精神和探究解决问题策略的过程,以此帮助幼儿获得有关周围物质世界及其关系的感性认识和生活经验。由此可以看出,幼儿科学教育活动十分强调儿童自主探究和建构的过程。在当前区域活动的价值和作用已经被大多数人认同的情况下,区域活动作为幼儿进行科学探索的主要场所,家长和教师双方应积极支持和引导幼儿自主进行科学探究活动,这应成为有效开展科学教育活动的重要途径。

1.科学共研活动目的

认知发展理论认为,学前儿童处于感知运动阶段和前运算阶段,他们的思维特点是直观形象性,只有在不断的互动过程中,才能建构自己的认知结构,科学区域活动恰恰为幼儿提供了自由操作材料的机会。

幼儿通过操作不同的材料会获得不同的对于科学知识的"关键经验"。关键经验是幼儿发展必须获得的经验,这些在幼儿的经验系统或经验结构中起节点和支撑作用,有利于幼儿经验的建构、迁移以及对知识的深层理解,关键经验的获得和发展有赖于幼儿与环境(物和人)的互动,有赖于经验的积累。

2.科学共研人员介绍

负责人为大二班三位教师;参与家庭 42 组;其他班级教师 8 人。

3.科学共研活动过程

在共研小组成立初期,家长们与老师共同建立了"科学共研小组"微信群。教师在群公告中发布每周三晚上 7:00-8:00 开展线上交流活动,通过录制幼儿在家做实验的视频来分享科学实验,并以文字的形式附上本次实验所需材料和原理介绍等。

满怀期待的第一次共研来临时家长们的热情似乎没有起初添加微信加入小组时那么踊跃,只有一两位家长在群中分享视频,其他家长少有互动。

经过第一次的科学共研活动,大二班教师们进行了反思和调整,希望能够调动更多的家长和小朋友参与活动。整理如下几个方法：

在每周一进行共研预告,提前告知家长周三即将开展实验,并将本次实验的主题提前制定出来,给家长和幼儿准备实验材料和录制视频的时间。

将科学实验的名称提前在群里以接龙的形式上报,避免与其他人的实验重复。

部分家长由于工作原因在晚上7点前不能及时回复微信,因此可适当将共研的时间向后推迟半小时,7点半准时开始。

将幼儿们在共研群里面的视频分享到各个班级,激励参与家庭的同时调动其他未参与家庭的积极性。

在经过各项调整后,家庭参与分享实验的数量逐渐上升,家长之间也开始进行互动,慢慢达成科学实验小组的活动目标。

4.收获小结

园所通过科学活动实施师亲幼共研活动,激发幼儿在了解科学知识,动手操作的兴趣。同时边讲边做更锻炼了幼儿的语言表达能力,进行了将知识进行内化再输出的过程。在讲解中促进幼儿社会化能力的养成,更加大胆、自信,体验成功的乐趣。

亲子准备实验,操作实验,讲解实验的过程也大大的调动家长参与幼儿园教育、参与幼儿的教育,抓住3—6岁幼儿成长与发展的关键阶段,成为幼儿的第一位教师和领路人。让家长通过活动了解并理解幼儿园的教育理念,同时转变家长的教育观念和方式。从关注幼儿知识方面的技能转变到更多的关注能力的培养。

在活动中教师的收获颇多,有了家长的助力,可以更加高效地开展班级实验角的创设。在家长的作用下对幼儿的指导从集体教育转变成个别教育,提升能力的速度加快。与此同时,一名幼儿进行实验的分享,带来实验的材料,可以辐射到班级内的其他幼儿,让更多的幼儿受益。教师从教,变成观察和指导,欣赏幼儿们的主动学习,成为学习的支持者。通过与家长的交流与分享开拓了教师的视野和思路,在自己工作中也汲取了新鲜的养分,鼓励并鞭策着教师不断前行。

第二节　班级文化建设的实践研究

一、班级文化建设的背景意义

班级文化是"班级群体文化"的简称,是班级所有或部分成员共有的信念、价值观、态度的复合体。幼儿园班级文化,是教师对幼儿实施的所有保教工作的全部内容,具体成员包括整个班级的幼儿、教师和家长。班级文化是一个班级的灵魂,表现为一个班级独特的精神和风貌,具有约束、凝聚、同化、鼓舞的作用。幼儿园班级文化,应该以《指南》精神为依托,从幼儿一日生活的各个方面入手,积极主动谋求家园共育,让班级文化达到"润物细无声"的作用,使整个班集体凝心聚力,共同促进幼儿身心健康发展。为此,对班级文化建设开展了一系列的研究活动。

二、班级文化建设的实践过程————以小班、中班为例

班级文化建设不能零碎敲打,也不能无的放矢,或者盲目模仿,要有长远意识和大局观,精准确立班级精神文化的核心,围绕核心建立机制,沿着物质文化、制度文化、行为文化三条线索,从内向外辐射,分成建设、认同、形成、普遍化四个阶段,最终形成体系。

(一)精准确立班级精神文化的核心————共理念

教师在认真学习《指南》精神、贯彻园所"释放天性,放飞梦想,让幼儿在游戏中幸福成长"办园宗旨、领会园风"自然、自主、和谐、求真、求新、乐观"的基础上,在共同探讨之下,着眼于幼儿三年的培养目标,对于班集体要进行班级文化建设及大致的方向达成初步的思想统一。鉴于小班幼儿年龄较小,价值体系尚未形成,教师、家长在达成共同的培养目标的基础上,提出班级发展愿景,教师提炼出班级核心价值观的关键词(这是班级文化体系的内核)。基于

此,园所小班组各班以各种形式进行了广泛的探讨和班级核心价值的征集活动。如小三班通过微信,教师与家长一起探讨"希望将我们的幼儿培养成什么样的人"。经过大家的热烈讨论,发现教师和家长的观点基本是一致的,都希望在促进幼儿身心全面和谐发展的前提下,让幼儿变得更加坚强、勇敢、自信,有良好的心理素质,于是将班级文化的核心定为"坚强、勇敢、自信"。

(二)亲师幼围绕价值核心,建立班级文化体系——共建设

图7-5 小一班亲子制作小雏菊

班级核心价值观明确之后,需要向外扩展,以物化的方式呈现并反映在幼儿日常行为中,使其固化为一定的观念,在班级建设中长期稳定的存在,这对班级的发展将起到持续的推动作用,对幼儿的成长也将产生潜移默化的影响。为此,各班通过以下途径进行实践:

1.以"班花"为依托,承载班级文化

小班幼儿年龄较小,对于涵盖、解释班级文化的关键词无法理解。于是,各班将班级文化寄于漂亮的花朵之中,通过感受花朵外在的美丽、内在的精神品质及花语来深入浅出的领会班级文化。如小一班:先把班花选择的问题抛给家长,让家长参与推荐,根据班级文化共同交流希望宝贝们像哪一种花;根据家长们推荐的花朵,开展了认识花朵的课程,最后把选择决定权交给幼儿,让小朋友们自己投票,选出幼儿们眼中的班花。经过小朋友的民主投票,最终小雏菊以第一名的成绩成为小一班的班花。为了让幼儿们更深入直观地感受小雏菊,班级共同发起了亲子制作小雏菊的活动。

为了进一步了解班花,让幼儿爱上班花、感受班花的寓意,营造班级文化氛

围,各班将班花融入幼儿的一日生活、区角游戏及集体教育活动的各个方面。

在一日生活方面,小四班将班花——向日葵,制作成"按时来园记录表"表扬幼儿守时的品质。制作成"向日葵金话筒",在幼儿晨间播报时给幼儿勇气和自信。在小一班,每天的餐点时间将亲子制作的班花——小雏菊,放到餐桌上营造温馨惬意的用餐时光。

在集体教育活动方面,小二班专门开展的集体教育活动了解班花——铃兰花,为幼儿普及铃兰花的生长环境、花朵和枝叶的用途及花语。小三班带领幼儿欣赏歌曲《梅花》及古诗《梅花》来深入了解自己的班花——梅花。

在游戏活动方面,小三班将亲子制作的班花——梅花,放到教室的各个区角,让班花陪伴幼儿快乐游戏;小五班则利用各种材料亲手制作班花——四叶草装饰环境。

通过一系列的活动,让班花成为幼儿一日生活中不可缺少的元素,进而主动去理解、接受班花隐含的深层内涵,在潜移默化中接受班花营造的班级文化氛围。

2.设计班名、班级口号、制定班风、班训,呈现自身特色的班级文化

班级文化属于精神层面,须将其以各种形式进行呈现,使其班级内的所有工作都围绕班级文化开展,小班组各班根据各班的班级文化核心,通过和家长及幼儿的共同探讨,制定班名、班级口号、班风、班训,有条不紊地推动班级文化建设。如:将班级家长群的微信名称改为"快乐勇敢小三班""幸福小四班""快乐的小二班"等。由于幼儿的年龄较小,各班在制定班风、班训、班级口号时遵循"儿童化""贴近幼儿的生活"的原则,方便幼儿"简单易懂",如小三班的班风是"我行,我行,我一定行!",班训是"自主,勇敢,做最好的自己!",这样的语言既易于理解又朗朗上口,与班名"快乐勇敢小三班"、班花梅

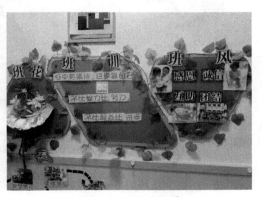

图 7-6　班级文化墙

花的"坚韧不拔"相得益彰,共同架构快乐、自信、勇敢的班级文化。最后教师将选择和制定出来的班花、班风、班训等内容以及班级文化建设开展的过程做成漂亮的墙饰,放到班级门口显眼的位置,家长每天接送幼儿时就能看到,幼儿每天在教室中生活和游戏时也能看到,使其形成无形的班级文化环境。

(三)班级文化内化于心,外化于行——共践行

班级文化是意识层面外部的价值取向,如何将其内化为班集体成员自身的价值取向并指导个体的行为,获得群体的广泛认同,则需要班集体成员将班级文化的核心"内化于心,外化于行"。为此教师根据教育教学目标、依托一日生活的各个环节,多种方式践行班级文化,通过开展各种亲子活动、家长社团活动等将家长纳入到班级文化建设之中。

幼儿方面:以小五班为例:班花为四叶草。四叶草有四片叶子,每个叶子分别代表该班的班训"净""静""敬""竞",即为"干净""安静""尊敬""竞争",依此开展一系列的班级文化建设活动。

净——从幼儿的常规养成出发,制定"小五班文明卫生公约",帮助幼儿养成文明卫生的好习惯。

静——以礼仪教育为着力点:如午睡时间、阅读图书、观看演出、区角游戏等,让幼儿学会在场所保持安静,同时让幼儿了解保持安静是对别人的尊重。

敬——结合班级教育教学、节日活动及区角游戏,举行了"敬老爱老"活动——为爷爷奶奶、姥姥姥爷做一些力所能及的事情;通过讲读绘本让幼儿们了解他们的父母的辛苦,制作礼物表达对他们的敬爱。每天入园和离园都向教师行鞠躬礼表示尊敬等。

图7-7 班级文化建设活动墙饰

竞——结合幼儿的日常生活,通过每月颁发全勤宝宝奖状,鼓励幼儿坚持来园;班内举行叠衣服展示活动等,通过这些方式来营造班级内"自我竞争"和"相互竞争"的氛围,使幼儿们能互相进步、互相提高。

家长方面:亲子共游——如亲子制作班花、绘本图书漂流、幼儿园玩具漂流等,让亲子在共同的游戏中收获成长与良好的班级文化氛围;充分利用园所开展的亲子运动会等活动进行班级文化建设;家长社团——为了让家长更好地融入幼儿园的教育教学工作之中,开展了家长社团活动,融洽家园关系,增进双方的了解,充分利用家长资源为班级文化建设奠定良好的情感基础;家长育儿图书漂流——通过阅读图书,达到家园育儿理念的和谐一致,为班级文化建设奠定良好的理念基础。

秉持着"润物细无声"的实践原则,将班风、班级文化融于幼儿一日生活的各个环节、融于班级的各项工作、融于班级的家园共育之中,让班级文化"无孔不在,无孔不入",如:在生态课程开展中种植班花,亲师幼与班花共成长一起体验班花的寓意,在图书月活动中亲师幼共同阅读与班级文化相关的绘本书籍,如团结、诚信、阳光乐观等书籍,亲师幼共同出演蕴含着班风的绘本故事,如小三班——勇敢的小黑鱼(勇敢是其班风)、小一班拔萝卜(团结是其班风)、小二班——小蝌蚪找妈妈(等待与寻觅幸福是其班风)等等,总之班级文化无处不在,班级文化氛围日渐浓厚。但也存在着一些问题与不足:主要是班级文化建设主要在幼儿园教育教学中进行开展,家长的参与度不高,未融入幼儿家庭教育之中,家长对于班级文化的感受性、参与度较低,于是在小班升入中班后又开展了"班风走进家风"活动。

(四)"班风走进家风"——共享之(以中班为例)

经过小班时期"润物细无声"班级文化建设,已经将班风、班级文化融于幼儿一日生活的各个环节、融于班级的各项工作、融于班级的家园共育之中,达成了班级文化"无孔不在,无孔不入"的状态。班级文化建设虽然主阵地是幼儿园、是班级,但唯有将家庭教育纳入进来,班级文化才能真正发挥其效应,因此园所开展了如下活动:

1.亲师发起让"班风"走进家风"倡议书":积极倡导家长根据本班的班风,

亲子共同制定自己的"家风"。

2.根据"家风"制定记录表:幼儿每天以"画日记"形式进行打卡活动,持续时间 21 天,并将每天完成的日记带回班里,由教师进行文字记录和盖章奖励。

3. 分享成长变化和感悟:参与活动的家庭上交一篇有关家庭成员成长变化和家庭氛围变化的体会。

4.评选"最美家庭":每班评出 5 组家庭为"最美家庭",在全体家长会时由园长颁发证书。

图 7-8 家风日记展示

活动结束之后,教师鼓励家长和幼儿将"家风日记"活动持续下去,让最美班风永驻幸福家庭。

在班级文化建设的系列活动中,教师、家长、幼儿都积极主动参与,三方通力合作,共同营造良好的班风,并与家风、家庭的实际生活相融合,不仅师亲关系、师幼关系和谐了,亲子关系、家庭氛围也有了很大的改变。因此,班级文化的创建及泛化,促使亲师幼形成共同的文化价值取向,有力凝聚、和睦了亲师幼这一研学共同体,并使之朝共同的方向去成长发展。

第三节　幼儿行为表现的个案研究

一、幼儿行为个案研究的背景介绍

个别幼儿的教育问题牵动着老师的心,幼儿来自不同的家庭,每个家庭都有不同的教育背景,来自不同家庭的幼儿在幼儿园生活中,会出现各种各样的问题。因此,园所对幼儿的个别行为问题进行追踪研究,教师通过长期的观察研究,在对幼儿的行为进行观察的基础上,了解分析幼儿产生行为的原因,与家长积极沟通,并与家长一起制定切实可行的研究方案,共同帮助幼儿改善不良的行为习惯。对家园共育中的典型个案进行长期的追踪研究,并总

图 7-9　个案研究团队在进行教学研讨

结规律形成典型案例,作为家园共育相同、相似或相对的问题的范本,供推广使用。

二、师师共研制定改善策略

班级教师根据对本班级幼儿的观察,选择观察研究的对象,并对个案研究的对象进行深入观察,利用隔周一次教研形式,分享个案研究的进展情况,包括个案幼儿在幼儿园的行为表现、家长在家庭中的反馈等。针对幼儿个别行为,教师分析原因,利用教研时间段一起教研想对策,如何改善幼儿的行为?家园共育工作如何进行?在不断地分析研讨中,教师们针对幼儿的个别行为制订针对性的解决策略,在实际工作中也能游刃有余地解决问题,并与家长积极沟通。

如针对小班刚入园的幼儿,基于幼儿的问题出发,包括对个别幼儿提供解决策略,策略实施效果反馈,教师反思等几个方面。幼儿度过了 9 月份的入

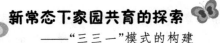

园焦虑期,大部分幼儿已经能适应幼儿园的生活,开始了美好的幼儿园生活,还有个别幼儿出现了各种各样的问题,教师们经过观察,确定了个案研究对象,选取研究对象的行为表现主要有以下几个方面:哭闹严重的幼儿、经常尿裤子的幼儿、具有攻击性行为的幼儿、乱发脾气不会合理调节自己情绪的幼儿以及不愿意参与活动的幼儿。

针对上述幼儿的行为,园所老师有针对性地提出策略。家园共同配合,帮助幼儿健康成长。

1.哭闹严重的幼儿。这些幼儿对陌生环境的适应性低,需要教师与幼儿建立良好的依恋关系,让幼儿感受到教师的爱,鼓励幼儿参与幼儿园的活动,转移幼儿的注意力,通过玩具、故事等方法转移幼儿的注意力,积极与家长进行沟通,通过家长了解幼儿感兴趣的事物,并带到幼儿园来,让幼儿在陌生的环境中感受到熟悉的物品,一定程度上会降低幼儿的分离焦虑。教师在一日工作中,可以通过给这些哭闹的幼儿分配力所能及的小任务,让幼儿成为教师的好帮手,逐渐熟悉幼儿园的环境,熟悉周围的小朋友,尽快适应集体生活。

2.经常尿裤子幼儿,首先观察幼儿尿裤子的原因,是因为玩性太大忘记上厕所还是去卫生间不会脱裤子、不熟悉蹲坑等。教师要正确分析幼儿尿裤子的原因。对于玩性太大,因为玩得太高兴忘了去卫生间的幼儿,教师隔一段时间要提醒幼儿,慢慢帮助幼儿逐步建立良好的排尿习惯。对于去卫生间不会脱裤子导致尿裤子的幼儿,教师要与家长沟通,在家中积极帮助幼儿锻炼自己脱裤子,家长要给幼儿买便于穿脱的裤子,切记不要穿过于紧身的衣服,同时要让幼儿在家庭中多练习,家长不要代劳,一定要让幼儿亲自穿脱衣裤。

3.具有攻击性行为倾向的幼儿。幼儿在入园初期,不会与其他人沟通和交往,在维护自身利益的同时,往往会出现攻击性行为,给其他幼儿造成一定程度的伤害。幼儿一旦出现攻击性行为,教师要及时制止,了解幼儿攻击性行为产生的原因,告知幼儿首先要给被打的幼儿道歉,知道自己的行为已经对其他小朋友造成伤害了,尝试让幼儿产生同理心,告知幼儿应该怎么做。通过积极跟幼儿家庭沟通,引导家长可以给幼儿多读一些关于幼儿社会性读物,让幼儿慢慢学会如何与人沟通和交往。

4.乱发脾气不会合理调节自己情绪的幼儿。教师引导幼儿合理表达自己的需求,慢慢学会管理自己的情绪,乱发脾气后要先学会深呼吸,等情绪平静以后,跟教师讲讲刚才为什么会有那种行为,教师要告诉幼儿,看到幼儿乱发脾气时教师的感受,让幼儿产生同理心,逐渐学会理解别人,同时在班级区角里投放有关于情绪方面的绘本,供幼儿阅读,帮助幼儿更加理解和认识到如何和小朋友相处。同时希望家长也要多引导幼儿,让幼儿学会正确与人沟通和交往。

5.不愿意参与活动的幼儿。这种情况表现为幼儿情绪比较稳定,就喜欢独自坐着,不愿意参与活动,教师要想方设法地让幼儿加入集体活动中,通过在集体面前表扬幼儿,让幼儿做教师的好帮手,服务其他幼儿等,让幼儿逐渐体会到集体的温暖,熟悉班级内的其他人,融入集体生活中。同时教师要跟幼儿的家长进行沟通,希望家长放手给幼儿成长的机会,让幼儿慢慢获得成就感。

幼儿个别行为的研究还在继续,在研究的过程中,幼儿还会出现各种各样新的问题,需要教师要有一双善于观察的眼睛,运用自己的教育智慧,发动家长的力量,共同改善幼儿的行为,共同促进幼儿良好行为习惯的养成。

三、亲师共研助力行为改善

园所进行个案研究工作,通过与家长交流沟通,了解幼儿在家庭中的表现,结合幼儿在幼儿园的行为表现,综合得出幼儿需要调整和改正的行为,教师结合自身的工作经验,并与个案研究团队教师共同商讨,针对个案幼儿的个别行为,给出指导策略。

同时教师在班级中进行策略的实施,利用下午放学时间段,主动邀约家长进行谈话,给个案对象的家长们提供切实可行的策略,让他们在家中及时将幼儿的行为表现反馈给班级教师,双管齐下,不断归正幼儿的行为,让他尽快适应集体生活。

如大一班有一名幼儿曾在班中出现了很多问题:乱踢凳子,随意破坏班级内部其他幼儿的建构区作品,吃饭时间大喊大叫,睡觉时在教室乱跑乱跳等问题。教师与该幼儿的姥姥进行了两个小时的谈话,又与该幼儿的爸爸进行了四个小时谈话,通过谈话教师了解到幼儿出现各种各样的问题是由于妈妈长期缺失对幼儿的教育。自谈话之后,该幼儿的妈妈慢慢地参与了幼儿的成长过程。

第四节　有趣的共研形式——辩论会

一、创新实践——亲师辩论会

在幼儿的教育过程中,亲师幼经常根据幼儿在成长过程中出现的问题进行研讨,有时是在班级群内进行线上研讨,有时会组织线下面对面的教育教学问题研讨,这些研讨都起到了非常好的效果,既解决了幼儿的教育问题,又能让家长和教师收获更多的教育理念、知识和技能。那么,除了这些研讨以外,教研是否还有其他形式?于是,我们针对研讨形式进行了创新实践——亲师辩论会。

辩论会选题:从幼儿的游戏及生活中寻找,并进行归纳总结,升华幼儿教育中的典型问题或普遍问题。

辩论会过程:家长和教师自由选择持方,组成正方和反方,利用《指南》《纲要》等文件、教育家的观点或者生活中的经验阐述自己的持方观点进行辩论。

为了让辩论会变得有意义且富有乐趣,更能吸引年轻父母参加,其组织与流程参考时下收视率较高的综艺节目的流程。

辩论会总结:正反双方在激烈的一辩二辩中陈述观点、开杠、自由辩论、结辩。之后,亲师针对这一问题,从《指南》解读、《指南》实施问答等专业书籍中寻找客观、真正的答案,殊不知,答案已经都在正反方的观点中了,而亲师通过这种形式各自抒发了自己的观点,各自去粗取精重新完善了自己的认知,同时通过这种激烈的观点碰撞,又扩展了自己的知识视野,让人心潮澎湃,受益匪浅。

二、亲师辩论会举例

(一)情境演绎(教师模仿幼儿表演)

搭建区今天的主题是城堡,进区前教师给小朋友们安排了给国王搭城堡的小任务,刚刚进区不久,轩轩就要搭加油站,这时教师问他:"轩轩,咱们今天不是要搭城堡吗,你为什么去搭加油站了?"轩轩说:"我不喜欢搭城堡,我就要搭加油站。"这时,我们是顺应幼儿,还是不顺应幼儿?

辩题:在游戏活动中,幼儿有自己的想法时,我们是顺应幼儿,还是不顺应幼儿?

(二)选择持方组队辩论,出示辩论规则并进行激辩

规则如下:

1.请大家放飞思想,尽情地用自己的专业理念表达自己的观点。

2.请正反两方分别选出四位代表作为一辩、二辩、三辩和结辩,每方阐述观点限时3分钟。(由对方进行计时)

3.在三辩结束之后为自由辩论时间,请坐在后排的队员进行自由"开杠"。(限时2分钟)

4.辩论过程中如果跑题,则由主持人响铃结束发言。

5.最后的胜负由在场人员重新选择持方的人数决定。

(三)辩论会总结升华

1.正反方反思

正方:我们哪些情况可以顺应幼儿?怎样顺应幼儿?是幼儿愿意做什么就让他去做什么吗?

反方:我们哪些情况可以不顺应幼儿?怎样去处理不顺应幼儿的情况?是要完全按照成人的意愿和安排进行游戏吗?

2.专业解读

《3-6岁儿童学习与发展指南》中提道:

顺应幼儿,就是尊重幼儿的感受和想法,就是不把成人的感受和想法强加于幼儿,尤其是尊重幼儿与成人不同的感受和想法,鼓励幼儿发表、尝试自己的感受与想法,以保护幼儿的好奇心和求知欲,增强幼儿的自信心。

如果不尊重幼儿的想法和感受,要求幼儿和成人的想法统一会禁锢幼儿的思维,限制幼儿的想象和创造力;如果不尊重幼儿的想法和感受,幼儿总是得不到认同,会造成幼儿情绪低落,丧失自信。

出现不能顺应的幼儿的情况,如幼儿的感受和想法与社会界定的观点想违背,而幼儿自己全然不知时,教师和家长应综合考虑幼儿想法的可行性、伦理性、当下的后果、对幼儿未来发展的影响等多种因素,视具体情况具体处理。

3.升华

顺乎天性,导之有方。幼儿教育要遵循幼儿的身心发展规律和特点,顺应尊重幼儿的想法和感受,但是有些情况下,我们需要去引导幼儿,不能一味地放任顺应幼儿,因为教育的责任是帮助幼儿发展各方面的能力和掌握基本的社会生活规范,初步形成良好的个性品质。

亲师通过辩论会这种形式各自抒发了自己的观点,之后去粗取精重新完善了自己的认知,同时通过这种激烈的观点碰撞,又扩展了自己的知识视野,得到了专业的成长。最后将这些专业的知识和技能运用到实际的幼儿教育中,幼儿接收的是专业、科学教育,从而获得全面健康的成长,这便是亲师幼研学共同体孜孜不倦所要追求的目标。

图7-10 亲师幼辩论会

第八章　构建新常态下家园共育新机制
——"三三一"模式的保障与成效

第一节　幼儿园文化理念支撑"三三一"模式

我国的教育方针是培养德智体美劳全面发展的社会主义建设者和接班人。2016 年 9 月 13 日,《中国学生发展核心素养》研究成果发布,这是教育部委托北京师范大学联合国内高校近百位学者城里的课题组历时三年的研究成果。"核心素养"以培养"全面发展的人"为核心,分为文化基础、自主发展、社会参与 3 个方面,综合表现为人文底蕴、科学精神、学会学习、健康生活、责任担当、实践创新等六大素养,涵盖人文积淀、人文情怀、审美情趣、理性思维、批判质疑、勇于探究、乐学善学、勤于反思、信息意识、珍爱生命、健全人格、自我管理、社会责任、国家认同、国际理解、劳动意识、问题解决、技术运用18 个基本要点,以应对未来世界发展的挑战、职业和就业以及美好人生的实现。反观每一个素养的形成,都不是靠幼儿园、学校教师、家长和幼儿自身某一个单方面可以完成的,他一定是教师、幼儿、家长相互作用,共同努力的结果。幼儿园是人生的奠基阶段,是终身学习的一个重要阶段,着眼于六大素养的幼儿教育,需要幼儿园、家庭以及社区社会环境共同作用施以影响方可实现。

"三三一"模式是宸宜幼儿园以"生活化课程"为抓手,研究一日生活中各项活动中礼仪,培养健康尚礼的品行;研究生活中与人交往的策略,培养幼儿正直真诚的人格;研究周围自然生态的现象,培养幼儿合作中亲和严谨的态度;研究生活中科学艺术的活动,培养主动智慧的品格,并在此过程中应运而生的家园共育模式。是基于"三共理念",采用亲师幼共研、共育、共成长的方式,在解决教师成长与家长成长和幼儿教育脱节的问题中形成的一种有效的家园共育的新尝试。"三三一"模式有效地化解了一所地处城乡接合部、80%以上是刚毕业非幼教专业新教师,由于专业和经验不足与家长学历层次高,对幼儿园要求相对较高之间的矛盾,让"三共理念"成为教师和家长的共识,使亲师幼在共研、共育、共成长的过程中形成家园和谐的教育场。

根据《幼儿园教育指导纲要》中相对家长、家庭、社区以及教师、幼儿园在幼儿教育中不同角色和教育作用的要求,以及古今中外对家园共育重要性的认识,园所将"新常态下幼儿园家园共育的实践研究"作为建园初期引领园所成长的抓手和中国学前教育研究会"十三五"课题,在目标的引领下构筑幼儿园理念文化和环境建设,提升教师专业素养和办园水平,健全园所管理机制和家长融入机制,使宸宜幼儿园在短短 5 年的时间取得了很好的成绩,赢得了老百姓的良好口碑!

一、幼儿园的"三风一训"

"三风一训"是指校风、教风、学风和校训。在幼儿园管理工作中,"三风一训"可谓是幼儿园的魂。"三风一训"建设是幼儿园管理工作中的一项重要内容。搞好这项工作有利于发扬幼儿园的优良传统,办出园所特色;有利于总揽幼儿园的大政方针,促进园所各项工作持续稳定的发展;有利于增强幼儿园亲师幼的向心力和凝聚力,激发园所奋发向上的精神力量,是园所文化的思想表征。

建园之初,对园所地域和家长情况有所了解,在新建九片区中,涵盖当地宜兴埠拆迁房、市区拆迁安置的公租房、价格低廉的、有购置限制的保障房,还有随行就市的商品房,因为房源不同,生活在片区内的人员水平也相对比较多元。家长素质参差不齐,维权意识强,比较自我,对幼儿教育质量要求高,更有一部分家长对幼儿园,特别是新建园所不信任、挑剔多。基于地域和家长的因素,园所将家长工作作为建园初期首要解决的问题,将"全员育人"作为实现素质教育的途径,把办园宗旨放在"释放天性,放飞梦想,让幼儿在游戏中幸福成长"并在此基础上,经过领导班子研究,教师集思广益,聘请专家论证以及首届家长委员会的讨论,逐步建立和明确幼儿园的"三风一训"

园风:自然、自主、和谐,求真、求新、乐观。

学风:亲近自然、发现美好、感恩生活、主动创造。

教风:倾注智慧真爱,呵护美丽童心。

园训:健康尚礼、正直真诚、亲和严谨、主动智慧。

二、幼儿园园标及园标释义

图 8-1　园标

园标,是两个自由奔跑的人,一个大人,寓意成人包括父母、教师、长辈以及每一个走进宸宜幼儿园大家庭的成人;一个幼儿,寓意每一位在宸宜幼儿园生活的幼儿;星星寓意正确的理念引领和心中迸发的智慧、梦想;奔跑的姿态寓意自由的心性,快乐与奔放,共同奔跑、共度旅程、亦师亦友、长幼同向,相互陪伴、共赴美好,预示在开放的理念下,让生活在宸宜幼儿园的每一个人都自主、快乐、奔放,成为最闪亮的自己,享受成长和幸福。

园标色彩:园标由三种颜色构成即橙、蓝、绿。

橙色是暖色系中最温暖的颜色,兼有红色的热情与黄色明朗,使人感到温暖又充满着憧憬、悦动、快乐、甜蜜,是用火热的激情去探究神秘的未知,收获成熟、尊贵与幸福的颜色。代表成人与幼儿交融在一起的温暖有爱有积极向上的成长追求。

蓝色是天空与大海的颜色,象征着诚实、永恒与理智,给人以纯洁、平静、安详、和谐、信任、信心、稳定。代表着幼儿园科学的理念,智慧的爱和理性的

方法。

绿色是象征生命青春成长的颜色,是蓝色深邃、冷静被黄色的明朗、悦动激活的,孕育着无限爱和可能,带给人希望的颜色。象征着自然、大地、春天、和平、健康、安全、生命、成长……代表着幼儿园与家庭、社区、家长与教师幼儿共生的良好的教育生态。

三、幼儿园园歌的创作

由园长和教师共同作词,园长谱曲,园歌旋律优美又跳跃、奔放又舒缓抒情,将园所理念巧妙融入,画面感油然而生。

快乐宸宜 幸福童年

1 = C 4/4

王淑青 来昌琴 词

王淑青 曲

0 5 ‖: 5 5 6 5· | 3 3 1 2 5· 5 | 1 1 2 1· | 5 5 1 3 2· 5 |

让 生活走进 我们 的游戏,让 艺术融入 我们 的学习,让

心情舒畅 快乐又健康,让 手脚放开 追逐 我梦想,让

5 5 6 5· | 3 5 6 1 6· 6 | 5 3 2 1· | 5 6 1 2 1 | 1 — |

科学变成 我们 的兴趣,让 真诚填满 我们 的记忆。

家园携手 共助 我成长,让 亲情陪伴 幸福 永不忘。

6 — 1 — | 6 6 1 6 5 — | 3 — 5 — | 6 6 5 3 2 — |

啊 宸宜幼儿 园, 啊 宸宜幼儿 园,

1.

6 — 1 — | 6 6 1 6 5 — | 3 — 5 — | 6· 6 5 5 | 1 — — 0 5 :‖

啊 我们 的家园, 啊 幸福的摇篮, 让

2.

6· 6 5 6 | 1 — — — | 6· 6 5 6 | 1 — — — | 1 0 0 0 ‖

美好的童 年, 美好的童年。

图 8-2 园歌

四、幼儿园的环境创设

围绕幼儿园的办园目标,如何创设与之相匹配的园所环境成为摆在面前的首要任务。

第一,师亲必须达成共识:环境是幼儿的环境、是自然的环境、是为幼儿成长服务的环境、是体现园所理念的亲师幼共建的环境。包括物质环境,更涵盖精神氛围环境。

第二,环境的创建不是一蹴而就的,而是随着幼儿、教师和家长的共同成长,在各项活动中彼此相互交融并与环境不断互动的变化的"全育人、育全人"的过程。

第三,环境在亲师幼的共同成长中应该具有隐性和显性的教育功能。也就是让环境说话,让文化浸润,使它们发挥最大的教育价值的过程。

(一)精神氛围的创建,是园所文化内化于心,外显于行的过程

精神氛围的创建,是办园目标、愿景内化于人的内心,并被认同,从而转化为每个人主动行为的过程。包括目标引领、制度约束、机制强化、活动推动、认同鼓励、归属主动、互相协同、和谐共进的过程。

园所以党建工作为抓手,以创建环保型友好型学校和文明校为契机,建立健全工会、教代会组织的监督机制;修正《宸宜幼儿园管理手册》,完善各项规章制度和考核激励机制;加强研究型教师团队建设,初步形成了一支理念新,作风好、专业强、素质优的骨干教师队伍,努力营造"自然自主、家园共育"文化氛围和不断完善与之相匹配的课程元素;以国家级课题"新常态下幼儿园家园共育的实践研究"为依托,与家长平等互助,和谐共建,向着办人民满意的幼儿教育一步步扎实迈进。

1.厚植师德根基

以"立德立教,树人树魂"为目标,加强师德教育,厚植师德根基。

(1)抓组织建设,让党员教师成为一面旗帜。通过理论学习、三会一课,重温入党誓词、学习先进人物,寻找身边的好教师等活动引领党员教师尽快成长。

(2)抓制度建设,做到事事有人管、人人争上游。用好的机制引导鼓励年轻教师做为人师表的榜样、教育教学的能手、教育创新的先锋、履职尽责的模范、依法执教的标兵、廉洁从教的先进。

(3)抓队伍建设,弘扬敬业奉献精神,构建温暖有爱积极向上的和谐团队。

2.明确师亲双责

无论教职工和家长,都肩负着"育人和安全"双重的责任。都应该被相互理解和尊重。因为只有做到"全育人"才能真正实现"育全人"。让理解与包容、尊重与关怀,激发每个人的爱与责任。

幼儿园工作处处体现良心,需要每个人的真心付出。食堂炊事人员普遍年纪比较大,爱忘事,而他们的岗位却又非常重要。

为避免消毒蒸箱烧干,园所配备了小闹钟;为了让食堂进货方便,园所配备了电子门铃;为了及时了解他们的身体状况,园所在保健室配备血压计的前提下,为食堂专门配备了电子血压计,每天晨间除了体温和传染病还要有血压记录;为了让厨师每天更安全地点火,园所还配备了防火面罩;为了让保安人员更加安全巡视,园所在地下室楼梯间配备了绝缘靴以防止地下室泡水高压电的危险。

因为理解与关怀,宸宜幼儿园三层楼道只有一位保洁员,却将楼道收拾得整洁干净,因为在园长的带领下,全体教职员工都非常珍惜保洁员劳动成果,每个人从我做起,时刻保持卫生干净。

因为尊重,紫藤长新枝,葡萄、葫芦、冬瓜需要搭架子以及园内果树的浇水、施肥,打理,成了保安师傅"分内"的事,他们不仅保证了大门的安全还成了巡查设备、处理应急事件的主力军。春节时消防栓冻裂了,维保人员都回家过年了,园所的退休保安和现任保安自己租设备进行抢修,仅仅两个小时就恢复供水;7月的暴雨,导致幼儿园地下室上漏下冒,张师傅穿着绝缘靴连夜处理险情,安全度过。

因为关怀,园领导将三楼教师办公室进行改造,按教师的实际需求购买书刊、读物,完善阅读激励机制;配备了柜床;定制了吧台、座椅;购置了棋牌等供教师们休息、娱乐、团建,为教师营造良好的学习环境和空间。

因为体谅,园所花大力气改造了儿童床,在儿童床改造的过程中,彰显了班子成员集体的智慧。能推拉,可拆卸、便打扫,大大减轻了教师们每天成吨搬运的辛苦。

因为爱与责任的感召,园所与食堂后勤人员研讨可行性方案,很好地解决了开水间跑冒污水问题、创新设计了开门式防鼠板,封闭移动式熟食、生食车、可沥水网式消毒框、建立了完备的全园陪餐制度、垃圾分类统计分流体系,大大减少了厨余垃圾的产生,为创文明卫生城区付出我们的努力。

园所完美的设计了传达室及附房,使幼儿园的安全得到保障同时解决了没有备用教室的问题;园所利用废旧 PVC 管,变废为宝,美化门卫室外墙、设计创意打气筒架、玩具架、花池等,精心设计了户外幼儿玩具,为初步尝试安吉游戏提供适宜材料,即美观实用又省钱。

园所通过多方努力,在局领导的大力支持下解决了教学楼外围沉降和塑胶操场老化问题,为幼儿提供了安全的活动场地。

因为理解,关注教师心理健康。疫情期间为缓解教师心理压力,园所开展了"云上宸宜 Happy 聊"系列活动,每周一个主题从旅游到养花,从聊电影到谈读书,在活动中缓解教师压力,放松教师心情,帮助教师以一个最好状态给予幼儿们每一节线上活动和"不忘初心,立足岗位,争做最美巾帼奋斗者"活动,致敬抗疫英雄,学习伟大抗疫精神,在学习中坚定正确的人生信仰,明确自己努力的方向。

因为智慧陪伴,园所与家长大胆尝试新鲜事物。推出了家庭实验室项目,开办了家庭科学实验室大展台活动,44 个家庭参与,大大提升了幼儿、家长以及教师对幼儿科学活动的重视,在幼儿幼小的心灵中,埋下了科学探究和科学精神的种子。园所还大胆实践"安吉游戏",自由地想象、自发的合作、自主的创造、宽松的时空成为幼儿快乐游戏的生发地,使教师在分享、分析、共研、互促中更好发展。

因为爱幼儿,保育教师每天提供给食堂的幼儿进餐人数要增加了过敏幼儿数和过敏食材项,保健医提供的食谱,幼儿过敏食材也要划线予以标注,提示厨师引起重视。

因为"一切为了幼儿,为了一切幼儿和为了幼儿的一切"的初心,宸宜将"假如是我的孩子,假如我是幼儿"与家长一同感受,使《自闭症和个别儿童融合教育制度》得以实施,为特别儿童的融合教育提供了宝贵的机会,让患儿家长感恩,家委会成员家长感动;教师们还经常用"我的爱幼儿感受到了吗?我的真诚服务家长感受到了吗?"来自检、自省,化解家园矛盾;以"如果我的孩子,我愿意放在谁的班?"和"园长,您把我的孩子放在哪个班都行!"来鞭策自己,向着更加优秀的自己努力。

注重教研培训,提升专业水平课题引领、亲师幼共研、梯次培训,分享交流、读书沙龙等,在三主体的交互作用下,亲师幼不断成长。

(二)物质环境的创设

1.鲜活自然的生态园创建

刚建园时,占地面积5000平方米的幼儿园,只有两种树朝鲜槐和观赏海棠,以及一些零零散散的冬青和草皮。为了创设养育"学风"的校园环境,园所集中整合零散的冬青,并将其汇聚成不同造型的绿篱,将不好养护又没有太多教育价值的草皮移栽到冬青周围,增加20多种树,其中有幼儿园买的家长送的和教师家里拆迁移栽的果树以及乔木、灌木,令幼儿园有三季花艳果香。除此以外,园所还开辟了班级种植区,各班根据自己的需要带领幼儿根据不同的季节,开展种植活动,春种秋收、除草施肥、浇水抗虫,形成了东花园,西菜园、北果园、南公园乐园的规划布局。同时,在幼儿园 U 字形建筑的内部两侧,东边为养鱼池水区,西面为沙区。这些改造为亲师幼共研的"生态体验课程"提供了丰富的自然资源,使幼儿园变成了自然实践场。为"亲近自然、发现美好、感恩生活、主动创造"的学风形成,创设了幼儿们喜欢的自然环境。

2.自主的游戏场的创建

有挑战的户外游戏材料,对幼儿健康的体魄、健全的人格、坚强的意志、合作精神的培养至关重要。除了固定的大型玩具,园所还根据幼儿的需要配备了万能工匠、大型建构积木、羊角球、踩高跷、脚踏车、滚铁环、皮球以及成套的器械,还有在与教师和家长统一思想的前提下,园所大胆购进了"安吉游戏"材料并以小步递进的方式逐渐推广。其中的自主与合作、创意与冒险、沟通与分享的能力在安吉游戏的实践中得到很好的提升。另外,为了合理利用现有空间,供15个班安全有序游戏,园所还铺就了新的人造草皮跑到、搭建了藤架和凉亭、增设了14面户外涂鸦墙(水粉、粉笔、玩具镶嵌),新建了玩具架,供幼儿户外游戏,快乐体验与展现自我。

3.楼道文化环境的创设

楼道文化,集中展示了园所的办园理念。大厅迎面是设计为蓝天背景下的一棵绿色茁壮的大树,左侧树下结满圆圆的果实,内核为园所的"三风一训",右侧树下是园标中两个自由奔放快乐奔跑的成人与幼儿,以及白色醒目的办园宗旨:"释放天性,放飞梦想,让幼儿在游戏中幸福成长。"大厅左侧是绿色背景中的主题照片展示墙,"开放的教育、自主的童年"以照片中幼儿自由自主的活动和教师与幼儿、家长的互动瞬间诠释了亲师幼共成长的理念。大厅右侧是橙色背景衬托的蓝色木条拼就的山峰和白色鸽子,预示着园所将在幼教路上不断攀向更高的山峰,门厅大门两侧则是"阅读悦美"书柜以及团队建设合影墙。走过大厅,进入楼道,随处可见休闲阅读区和玩偶。楼道三层的墙饰全都是由幼儿家长亲自制作的艺术作品,一楼的主题为生活与自然;二楼主题为生活与艺术;三楼主题为生活与科学。围绕不同的主题,先哲们的名言警句,班级开展的活动以及亲子制作的作品全部展示在楼道里,在幼儿们熟悉的环境中,激发了幼儿间的沟通、分享与交流,促进幼儿们彼此交往、语言表达,培养了自信与勇敢。

另外,在楼道文化创建中,园所弥补了幼儿园建筑结构中没有功能室的不足,在楼道,开设公共游戏区,如在每层楼都设置了阅读区,将泥巴屋设置在一楼楼梯间,还有花坊也在此处;二楼重点是职业角色体验区、编织区、艺术创作区;三楼探索角、万能工匠创意、磁力拼等。

4.班级环境建设

一个和谐的班集体,包括两方面的内容,一是班级文化的创建,另一个是区角游戏材料的提供。各班结合本班幼儿的年龄特点和成长需要,设立区域。

幼儿园在以年龄班为单位统一配备打击乐器、桌面玩具数量的基础上,还根据各班低结构材料实践与研究的要求,为各班配备了不同的低结构、多功能自然材料,如:纸杯、瓶盖、夹子、石头、木棍、纸盒、报纸、扣子、泥等。激发幼儿的创意,提供合作的机会,激发探索的欲望。

为了拓展幼儿活动空间,园所自主设计研发的推拉床,最上面一层,可用于安静区域游戏的活动空间。

5.临时性社团游戏环境创建

为了践行"自然、自主、和谐,求真、求新、乐观"的园风,园所在小中班教学实践的基础上,在大班开设了社团活动。打破班级,由幼儿自主选择两个自己喜欢的活动内容,并将选择的过程也作为课程进行。幼儿要知道自己喜欢什么,了解每项内容限报几人,要在喜欢的内容中进行取舍,只能报两项。如果一个内容报名的同伴多了怎么办?记住每周社团活动的时间,需要准备的材料。一个个问题,需要幼儿们自主讨论解决。同时社团设在三层楼不同的班级,每名小朋友要独自带好课程内容需要的材料,自己走到选择的课程班,面对不熟悉的教师和不是熟悉的小朋友,在没有教师带领的时候怎样约束自己的言行(规则:楼道内不得大声喧哗、不得追逐打逗、不跑、轻轻走,上下楼梯注意安全等)这对还没入学的幼儿来说是不小的挑战,也是对大班教师的挑战。因为这就要求步入大班的教师、家长,在中班下学期就要形成合力,使幼儿养成自觉、自理、自立的习惯,形成园训中"健康尚礼、正直真诚、亲和严谨、主动智慧"的品质。在大班,这些品质就会得到验证。

五、幼儿园的课程建设

从建园至今,园所不断探索办园宗旨与核心素养相融合的具有长远价值的课程体系,以及亲师幼共研共育共成长的良好的教育生态生成模式,即"三三一模式",使办园目标逐渐达成。根据我们对已毕业的两届幼儿入学情况的调查,只要是心智发育正常的幼儿,从宸宜幼儿园大班毕业,经过1~2个月的适应,完全可以顺利融入小学生活,他们表现出来的礼貌、自律、专注、理解力以及合作、乐观的品格等得到片区小学的高度赞扬。有的小学校长反馈:最近两届幼儿普遍综合素质高,当问到是哪个幼儿园毕业的时,幼儿都说是宸宜幼儿园毕业的。在连续两届毕业生的"省亲活动"参与度和自律能力来看,无论他们分别就读于市内六区公立小学、民办小学,还是就读于北辰区当地小学,入学以后再回到幼儿园,在原大班班主任的带领下,他们回顾了幼儿园独创的礼仪操,观看弟弟妹妹的表演、聆听同年级小伙伴入学半年的学习生活经历汇报,与新升入大班的弟弟妹妹面对面交流,以及吃自助餐和互赠礼物环节,都能表现得有礼有节,举止得体,言谈有度,完全打消了毕业生家长的顾虑。通过省亲活动,让学哥学姐们跟学弟学妹们面对面交流,既了解了上学的事,又培养了勇敢、大方、有沟通能力,有同伴间主动学习的能力,同时,对美好的小学生活充满了期待,明确了自己的努力方向。

俗话说,十年树木,百年树人。教育的成果虽然不像大机器生产产品那样效果显现,但是,只要幼儿园、教师、家长能具有关注教育时时效果的意识,瞄准培养新时代社会主义事业德智体美劳全面发展建设者和接班人的目标,沿着核心素养这条主线,更不断反思和调整我们的内容、节奏、方法,就一定会稳步向着"办人民满意的高质量的幼儿教育"的目标迈进。

回顾与反思的过程,是自我修复、自我成长的最好路径,围绕着最初设定的"三风一训"和办园宗旨,园所不断丰富其内涵,拓展其领域,挖掘其内容,探索其途径,形成了适合于本园所的课程雏形,逐步形成完整的课程体系。

(一)礼仪课程包括班级文化建设、场域礼仪教程、自创礼仪操等。其内容涵盖了健康中的心理健康部分、社会情感部分、自我认知部分。

(二)武术和户外探究游戏课程,包括安吉游戏、武术课程、自主创造和合作探究的内容。

(三)社团活动和劳动课程。培养幼儿的劳动意识、劳动能力、主动适应环境的意识和能力以及抗挫折品质。

(四)春种秋收自然生态课程以及家庭科学实验室课程、绘本阅读课程等,更加紧密地加强了家园合作,在培养幼儿主动探究、主动学习的同时,引领家长正确的课程观,学习观,提升家长科学指导、正确评价幼儿的意识和方

法,认同幼儿园生活即教育的理念,从而教会家长在生活中汲取教育的契机和素材,实现科学的养育,更好促进家园合作,并将对今后幼儿的学习生活产生深远的影响。

第二节　幼儿园的管理保障

园所在践行家园共育理念的过程中,逐步摸索出一条适合师、亲、幼共研共育共成长的"三三一"教育模式,园所通过构建出家园新常态下的家园共育新机制,保障"三三一"家园共育模式的有效实践探索。

一、创新的制度保障机制

由于幼儿身心发展特点的特殊性以及幼儿园教育与家庭教育天然的不可分割性,家园共育一直是研究的重要领域。应该说,许多幼儿园在家园共育的探索中制定出了一套相对成熟的制度如建立家长学校制度、家委会制度、伙委会监督管理制度、园所定期开放制度等制度,以及开展家长助教、家长义工等活动,同时也会利用通信设备或者家园联系栏等形式进行相互交流与沟通。园所在建立以上制度开展相关活动的基础上,在家园共育理念的影响下不断进行着制度创新,制定园所特色管理制度,为家园共育"三三一"模式提供保障与支持。

(一)因家长需求集体制定

1.卫生保健工作相关的制度与规定

卫生保健制度规定要求家长在园给幼儿服用的药物必须是带有医院处方单的药品且不经过任何处理的药品才给予服用。家长的需求和园所的规定出现了矛盾,如何解决出现的问题,确保小病症无处方单来园幼儿的正常服药以及中药汤剂的服用。于是园所邀请家长代表加入讨论研究会,充分了解家长需求,征集家长意见,给予参与到园所管理中的权利,在园所与家长代表的共同讨论研究中制定了《宸宜幼儿园儿童服药制度》,该制度规定"家长自行购买的药品,幼儿已经在家中服用过该药品尚未出现不良反应,需要在园继续服用的,家长需要跟园保健医生确定好喂药时间,到规定时间家长来园填写幼儿服药登记表,并在大厅等候幼儿,家长喂完药后满 20 分钟方可离开。该制度的制定极大地方便了家长,满足了家长需求,同时也确保了幼儿的正常服药,确保用药安全。

2.与幼儿相关的安全管理制度与规定

针对安全工作,园所开展家长校园安全调查问卷,对家长反映的安全隐患以及提出的建议园所都会引起高度重视,并在全面考量的基础上,建立相关管理制度。如有家长提出幼儿中途离园,接送人为非主要接送者且其持有幼儿接送卡,这样如何确保幼儿安全。针对家长的问题,领导班子成员以及后勤安保人员集体研究讨论,制定了《宸宜幼儿园幼儿上下学接送制度》《宸宜幼儿园幼儿中途离园管理规定》《宸宜幼儿园委托接送幼儿管理规定》并设计了幼儿园中途离园登记表以及委托接送单,让门卫、教师、家长三方严格把关,确保幼儿安全。如针对家长提出的"有人捡到家长丢的门禁卡来接幼儿该如何防范风险",园所迅速成立安全护卫小组同时积极研究解决办法。最终经过园领导班子集体商议,决定更换门禁系统,引进智慧校园,人脸识别系统或提供身份证入园。在门禁系统未更换之前,制定了《宸宜幼儿园接送幼儿门禁卡核验规定》。寒冬腊月里园所安全护卫小组成员人工对四百多位家长一一核对门禁卡,最大限度地减少安全隐患。这样的举措和行为赢来的家长的信任和尊重,让家长深切感受到幼儿园真正把幼儿放在首位。

3.确保食品安全的管理制度与规定

园所高度重视食品安全工作,每学期园长带头签订食品安全责任书,明确食品卫生安全责任、完善食品安全制度,目前建立健全的食品安全制度多达 40 多项,例如《采购食品原料验收索证索票制度》《膳食管理制度》《伙食委员会监督管理机制》等。

在做好常规管理制度的保障方面,园所创新性地提出了食堂工作"520"原则,即"5"即入厨(严把人员关)、入门(设备、设施科学布局,保证不回流)、入库(严把采买关)、入锅(严把加工关)、入口(严防病从口入关)。"2"即教师关

(监督、指导、宣传关)、幼儿关(监督、自护、宣传关)。"0"即全园参与,确保零失误。

通过制度来规范工作,通过监督来强化规范,为此园所在成立伙食委员会,定期邀请家长和幼儿参观食堂的基础上,还制定了《宸宜幼儿园家长食堂工作体验日管理办法》,让家长深入了解食堂管理,通过一天全岗位全过程体检,家长真切感受到幼儿园对幼儿准备餐点的精心、细心,感受园所食堂管理的科学规范,让家长那颗悬着的心可以踏实地放下,同时又对幼儿园增加了一份信任,信任是一切工作良好的开端。

(二)为促园所管理提升而定

幼儿园的门卫安保部门是保障园所师生安全的第一道防线,同时也是外界了解园所的第一印象,展示着园所的形象。园所安全部门在做好门卫安保师傅安保常规管理制度的基础上,制定了《宸宜幼儿园门卫人员礼仪知识学习规定》,提升安保人员整体礼仪素质,并在学习的过程中传递家园共育理念,以及全育人理念,让安保师傅在思想意识上得到提升,认识到"我不单单是一名门卫人员,我还是园所教育的一分子"。

图8-3 看,我们帅气的保安爷爷!

在这样理念的影响下,安保师傅们在做好安全保卫工作的基础上,利用自己休息时间不辞辛苦地为幼儿生态教育打造研究所用的菜园、果园,让菜园、果园成为幼儿们亲近自然,感受生命的乐园,这一切是在园所理念的影响下对幼儿、对园所倾注了心力与热爱。到了金色的秋季,家长与幼儿们一起来感受收获的喜悦,同时也感受到收获中所蕴含的教育价值。门卫安保师傅的无私奉献,让家长们真切感受到宸宜幼儿园教育理念的真与实,为幼儿全面发展打基础。

"用安全的意识做服务,用服务的意识保安全",简单而又平凡的安保工作在不经意间阐释出园所的文化理念。

从幼儿出发,让管理制度细化完善。3~6岁幼儿身体体征变化较大,教师要密切关注幼儿的身体状况。为此园所制定了《来园幼儿午睡测温管理规定》,规定指出每班教师在幼儿午睡时,分别在入睡前和起床后测两次体温,有异常者予以记录并密切关注,确保来园幼儿的生命健康安全。

食堂人员多为返聘退休人员为确保工作人员健康上岗,园所制定了《宸宜幼儿园食堂人员上岗晨检制度》在进行有无伤口、指甲是否过长等检查的基础上,加入了血压测量等项目,确保上岗人员健康。同时为保证厨师做饭用火安全制定了《厨师用火安全操作流程》,按照流程厨师点火做饭前必须使用防火面罩,确保面部等不被灼伤。以及其他细化的安全操作流程,如《蒸箱操作规定》,规定指出使用蒸箱须使用安全闹钟进行提醒,避免蒸箱长时间工作,造成安全隐患,确保食品安全。

教师是达到良好教育效果的主要实施者,为实现教师在岗高效无忧工作,园所制定《宸宜幼儿园灵活机动假管理规定》,教师每人每学期有两天的带薪灵活机动假期,小小的举动让教师感受到大大的关怀,充分提升教师的归属感。同时园所还针对有哺乳假教师制定了《宸宜幼儿园哺乳假休假规定》,规定指出"女职工产假结束以后,可以将每天一小时的哺乳假(至婴儿一岁结束)进行累计并一次性休完。如休产假128天结束以后,剩余的237天(每天一小时)除以8等于29.625天,即可以再休30天假(哺乳假的累积假、含周六日、法定节假日)。"这无疑给了哺乳期的女职工以尊重与选择,让女教职工在考虑幼儿以及家庭实际困难的基础上自由做出选择,这样的举动温暖着每一位年轻的女教职工。

(三)助亲师幼成长而定

在家园理念的影响下,园所进行着亲师幼共研共育共成长的探索,为促进家园合作,真正实现家园共育,园所因需制定了相关制度及规定。如针对家长与幼儿制定的《宸宜幼儿园图书借阅制度》,幼儿可以在全园公共图书区自由选择本周想看的图书,家长可以在专门家长图书借阅区借阅相关育儿图书。亲子通过图书借阅,增加阅读量,增进亲子时光,提升思维等,家长通过借阅图书实现家园育儿理念的一致。教师按照《宸宜幼儿园教师借阅图书制度》实现自主学习,不断拓宽教育视野,提升专业素养能力,进而促进与家长在理念上的契合与指导。

二、良好的技术支持机制

(一)新媒体时代让沟通渠道增多,家园联系更加畅通

新媒体时代的到来让家园联系与沟通不再是简单的门边谈话,不再是通过家园联系栏进行的非紧要的无个性化的联系,新媒体让家园共育的渠道增多,让家园沟通的时效性与针对性加强。现在家长可以利用手机通信设备、智慧校园平台以及园所网站等与教师进行及时的沟通与对话,有针对性沟通、了解幼儿出现的问题并提出可行性的解决办法。让家长出现的不解和困惑都处理在萌芽阶段,从而有利于家园的良性互动。

(二)配备网络及便携式移动设备助力家园共育

1.电子信息智能设备的配备

园所注重利用现代信息技术来保障家园的高效沟通与联系,为每个班配备平板电脑、可交互式数字一体机、摄像机以及手机支架等,方便教师实时的与幼儿互动,捕捉儿童的精彩瞬间,记录幼儿的成长故事,让家长从真实的画面中感受到教师对幼儿的悉心照顾与谆谆教诲,实现与家长共同解决幼儿需要改善的行为,明确家园共同努力的方向,实现与家长共同分享幼儿成长的喜悦。

2.助力教师自我反思,主动学习,提升专业素养

随着现代科技设备的普及应用,园所的每个班级都有监控系统,监控设备可实时记录教师一日常态化的教育教学行为。教师可以定期截取其中的画面,反思其教学行为的适宜性,让当事教师站在旁观者和家长的角度体验和感受自己教育行为的优劣,通过给自己找问题,不断反思提升自己的专业能力和素养。

　　智能手机以及平板电脑可以让教师随时查询专业书籍以及观摩优秀教育教学视频,高效利用碎片化时间,不断充实和提升在教育教学方面的专业知识与经验。

　　园所将例次外出学习优秀视频、购买的专家学习视频以及课件资料、学前教育专业领域文章、通识性知识等汇集到一起打造教师共享网络学习平台。教师可以根据自己的课程设置、想要提升的方面等到园所网络共享平台中查找资料,并可拷贝其到自己终端移动设备中如智能手机、平台电脑中进行反复学习与利用。共享网络学习平台的设置让教师的主动学习和按需学习成为可能,良好的助力教师的专业素养的提升。

　　3.助力家、园全面客观的了解幼儿

　　网络及便携式移动设备让家长与教师客观真实的记录幼儿的行为表现成为可能。当教师发现幼儿在园存在某一不良的行为习惯时,在与家长进行积极沟通的基础上,家园携手共同发现幼儿出现不良行为习惯的缘由,此时家长和教师可以利用智能手机录制幼儿的日常行为表现,将家园获得的视频共同观察分析进而找到问题的解决办法。

　　4.助力幼儿自我行为改善

　　幼儿由于认知能力的有限与以自我为中心等心理发展特点,导致幼儿对自己以及与自己相关的人或物格外关注。那就可以利用智能手机以及迷你摄像机等来录制小视频,通过让他们观看自己的小视频小故事来不断地自我反思与主动学习的措施来促进他们在自主的探究与思考中获得发展。"一般而言,外在的奖励固然能激起行为的回馈,但是只有最终唤起儿童内在的自尊和自我满足时才最有效果。"同时要注意在运用视频开展随机教育时,教师应多采用正面的形象、良好表现的例子来进行正面激励,使每一个小朋友都能从情感到自我约束方面做到内心认同,进而在日常行为中,潜移默化地改善自我行为。

三、用心的环境支持机制

(一)创设良好的共育环境

1.设置教师学习备课区

根据教师反映希望有独立备课区,园所在考虑教师正常备课、学习需要的基础上,将三楼教师办公室进行改造为教师集中备课区和学习区,并结合教师年龄特点以及园所主要研究领域,配备了相关书刊、读物,在此基础上制定了备课及学习制度并完善阅读激励机制。同时为教师定制了吧台、座椅,配备颜色淡雅的窗帘为教师营造良好的学习环境和空间。有了专门的备课学习区教师的备课与学习效率显著提高,减少了下班加班加点备课的情况,有利于将高效工作赢得的时间放在观察幼儿、了解幼儿以及家园沟通共育方面。

2.多功能厅的升级改造

为促进家园共育工作,园所开展了家长学校、师亲共读、家长沙龙、家长辩论会等活动帮助家长了解儿童的身心发展特点,树立正确的儿童观,增加对儿童教育的主动性与科学性的探索。为了保证各个活动的优质开展,实现活动的最优效果,园所后勤保障部门了解到家园共育的一些学习、师幼以及亲子活动的开展许多都在多功能厅进行,提出了将单一的多功能厅进行升级改造的想法。园领导班子研究同意并以最快的速度对其进行改造,在原有基础上加装音响设备,配置超大 LED 屏幕等。改造后的多功能厅有了 LED 屏幕和音响教师可以实现声情并茂地向家长传递理念的功能,实现了通过幼儿日常表现的视频来解析幼儿行为并给予家长指导,同时让家长更加直观了解教师所讲的内容,比起枯燥的单纯的听课模式,这种以视频分享、讨论交流的家园学习模式更有助于教师和家长对理念的学习、知识的把握。改造后的多功能厅承载了更多活动如"爱满宸宜"、亲子童话剧、家长辩论会等,这里记录了幼儿们的欢声笑语,亲子之间的良好互动,家长对育儿理念的学习和探讨,进一步发挥了多功能厅的作用。

(二)共育的人文环境

1.随处可见的"你和我"

"环境是重要的教育资源,应通过环境的创设和利用,有效地促进幼儿的发展。"在环境文化塑造中,让幼儿们熟悉的"你和我"随处可见,让幼儿感受到亲切与美好,爱上幼儿园。如在楼道悬挂粘贴亲子作品,班级开设亲子照片墙、主题活动中张贴亲子一起学习、游戏的照片,如亲子环保行、亲子图书馆"寻宝"等向家长无声传递一个理念:家长也是幼儿的教师、幼儿共同学习者。同时利用 LED 大屏播放园所宣传片和园歌,向家长幼儿及教师渗透园所理念,感受园所理念,实践园所理念。

2. 家园和谐行为助成长

家庭和幼儿园是影响幼儿发展最主要的两大环境,家长和教师分别是这两大环境的施教者。家长、教师要步调一致的对幼儿开展利于其身心发展的教育,让和谐的教育画面不断呈现。

图 8-4　人文长廊

晨间礼仪迎园,小手拉大手,轻轻地一句"您好""早上好""小朋友请进"把阳光般的温暖带给走进宸宜的每一个人,在潜移默化中家长与幼儿礼仪素养得到提升;水果时间到了,区角里游戏的幼儿根据自己的需求进行吃水果,幼儿们吃水果前自己洗手,收拾吃剩下的果核等,这让我们看到了自主、自力的行为在幼儿身上良好的发生,这也是家园协调一致教育的成果;一个拿着棒棒糖和气球的叔叔,走向了正在游戏的幼儿们,经过一番交谈后居然有个幼儿"上当了",拿着棒棒糖和这位叔叔走向了园门外,别怕,这是我们的防拐演练,那位坏叔叔就是园里的家长义工,小朋友的家长。家长义工的加入让园所的一些演练活动等丰富真实起来,家园共同合作给予幼儿亲身体验,让幼儿

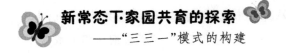

提升自我保护意识和能力。

第三节　以爱育爱，爱满宸宜

教育是润物无声的文化浸润，是用心陪伴的言行感染，是科学理念的笃行智慧，是以爱育爱的乐善和谐。在教育中，没有完美的教师，没有完美的家长，更没有十全十美的幼儿，但是在教育过程中，教师、家长、幼儿却可以教学相长，真诚沟通、互相欣赏、接纳包容、理解支持，共同构筑一个和谐的家园共育的环境氛围。

一、"爱"的释义

什么是爱？爱是黑夜里的星光，爱是酷暑里的清泉，爱是风雨后的彩虹，爱是寒冬中的暖阳！爱是感恩，爱是尊重，爱是陪伴，爱是欣赏，爱是包容，爱是理解，爱是支持，爱是体谅，爱是和谐，爱是目光相对时的微笑，爱是彼此无间的拥抱，爱是俯身蹲下的倾听，爱是共同牵手的信任，爱更是舍我其谁的担当、奉献和责任！

爱是陶行知"捧着一颗心来，不带半根草去"的潇洒；爱是巴特"教师的爱是滴滴甘露，即使枯萎的心灵也能苏醒；教师的爱是融融春风，即使冰冻了的感情也会消融"的坚定。

在这里，我们用真情讲述宸宜幼儿园教师、幼儿和家长之间发生的爱的故事，目的是让更多的人，不只是用眼睛，用心灵发现身边的感动，心怀感恩，以爱育爱，从而为幼儿创设一个温馨、幸福的成长氛围，让幼儿学会"发现美好、感恩生活"。

一幅幅温暖的感人画面，像一座桥，连接着幼儿、教师、家长的心灵；一首首动听的歌曲，似一阵风，吹开了遮挡在彼此间不信任的迷雾；一个个真实的洋溢着爱的教育活动如紧握的家园共育的双手，牵引着幼儿，传递着温暖，向着美好的未来，自信而坚定的前行。

幼儿园的发展经历了最艰难的一段时光。那是在 2016 年 9 月,宸宜幼儿园从 6 月 5 日正式开园的 5 个班,150 多人,一下子增加到 9 月的 10 个班 320 多人,而教师却迟迟没有到位,于是,局党委从 7 所幼儿园临时抽调 12 位教师"临时"支援。支援的教师身份多样,年龄跨度从 23 岁至 50 岁,能力水平参差不齐,有的甚至没有给幼儿分过饭,原有教育理念、管理方式让这些教师形成了各不相同的教学风格和处世态度。加之宸宜幼儿园刚刚成立 1 周年,园所的理念文化、制度还没有形成稳固的形态,管理起来困难重重。然而,园所对所有的人都一视同仁,让有经验、能担责、肯包容的教师当班长,其他有教养经历的人轮岗保教,没有教养经验的人做专职保育,让人各尽所能,彼此尊重、真诚以待。一个学期下来,大家一起顺利度过了最困难的时期,彼此相融、和谐共生,建立起深厚的感情,在有爱的环境中,俨然是一个大家庭,这是教师们对爱的理解。

二、"爱"的表达

在园所的文化建设中,非常重视核心素养与社会主义核心价值观相融合的教育,注重规则与自律、爱心与感恩、诚信与责任、勇敢与自信、宽容与合作、守时与专注、乐观与创造等习惯和能力的培养,在"倾注智慧真爱、呵护美丽童心"的教风中,激发幼儿"亲近自然、发现美好、感恩生活、主动创造"的学风,在有爱的环境中,激发爱的表达,彰显爱的智慧。

(一)教师感悟篇

亲师幼共研小组让你我变成"我们"

教师:孙燕

秋去冬来,转眼又是岁末,我们又将迎来新的一年。在这忙碌的一学期中我们的工作即将告一段落,回顾这一学期的教育教学工作,亲师幼团结在一起,多思、多想、多做,共同努力。曾经年轻的教师苦于家长工作,在家长不理解的困惑中摸索着,不知前行的方向;如今经过两年亲师幼共研小组的探索与尝试,收获了家长的认同与信赖,把貌似"水火不容"的你和我,转化为助力

幼儿成长的同行者——我们。

1."共理念"统一育儿理念、加强与家长的沟通,建立良好的沟通平台

在微信群里,教师坚持每周开展亲师幼共研活动,线上教研四十次,原定于两个月一次的线下教研,因为大班有停班所以仅进行一次。在线上交流中通过各个领域核心价值的探讨,传达园所教育教学理念,达到"共理念"。

2.转变家园共育观念,树立正确的角色定位

通过亲师幼共研活动,家长在家园共育活动中不再是被支配、被安排的角色。在各项园所活动、班组活动中,我们首先要做的是让家长转变观念,让家长了解到家长才是活动组织中重要的参与者和合作者,同时也是活动中的观察者和学习者,而幼儿则是亲师幼共研活动中的推动者和参与者。

本学期教师大胆放手,引领家长主导亲师幼共研小组活动。在共研活动中家长针对自己遇到的问题进行研讨,在轻松自由的氛围下梳理活动的策略,有效提升了家长的育儿能力。

3.在丰富活动的带动下,亲师幼共研活动深入发展

升入大班后5个班变成了4个大班,于是共研小组也进行了微调,结合幼儿的兴趣,共分成图书共研小组、游戏共研小组、美工共研小组、科学实验共研小组。

图书共研小组本学期为了培养幼儿良好的阅读习惯,开展了"21天养成阅读好习惯"活动,幼儿每天和爸爸妈妈一起读书或者自己看书,并以打卡的形式进行记录。"21天阅读养成好习惯"活动结束后幼儿依旧每天进行打卡,说明阅读的习惯已经在幼儿的心里生根发芽,他们不用家长的提醒就能做到自己看书。

除了进行"21天阅读养成好习惯"的活动,园所根据原定的计划带领家长进行绘本研究。例如:什么是绘本,绘本与图画书有什么区别,分享绘本《猜猜我有多爱你》,了解绘本的结构、创作意图以及如何带领幼儿进行绘本阅读的方法。

游戏共研小组通过对扑克牌游戏的共研,让家长与幼儿一起进行扑克牌不同玩法的探究,同时了解了数学游戏活动对幼儿的核心价值,引导家长重

视数学游戏。在游戏的共研中教师通过对《指南解读》的分享,引领大班家长树立科学的育儿观,重视幼儿学习兴趣以及学习品质的培养。

美工区共研小组通过对世界经典名画的欣赏活动,引领家长对美工活动的核心价值进行深度解析,鼓励家长为幼儿创设美的环境,通过大胆的玩色活动引导家长培养幼儿表达美的方式,同时在艺术作品中一起共研如何评价、赏析幼儿作品。

科学实验共研小组通过丰富有趣的水实验、重力实验让幼儿们在操作中感受体验科学实验的魅力,分享环节还锻炼幼儿的语言表达能力。

4.亲师幼共研小组专业化发展

(1)在内容上的共研

可以就一件游戏材料进行研讨。例如在游戏共研小组扑克牌可以怎么玩活动中,带领家长们丰富扑克牌的玩法,同时了解这种玩法可以锻炼幼儿哪些方面的能力,扑克牌还可以用生活中的哪些物品代替。通过《3-6岁儿童学习与发展指南》的共研活动后,纠正了家长小学化倾向,亲师幼科学真正享受到游戏的乐趣。

可以就一个主题研讨。例如美工区围绕欣赏活动,与家长一起研究名画,如何尊重幼儿的个体差异,不以"像不像""对不对"来评价幼儿,提升家长、教师、幼儿对艺术领域的了解、感受、欣赏、运用能力。

(2)在共研活动中,倾听家长的困惑,拉近亲师幼距离

亲师幼共研活动的灵活开展,打破了以往幼儿园、教师主导的活动,从途径和形式上进行创新,从幼儿与家长快乐参与的角度出发组织活动,教师与家长的互动加深了相互间的联系与沟通,幼儿园与家庭互相合作、优势互补,这是一个相互学习、相互教育、互为受益的过程,家园双方可以共同形成教育合力。教师充分利用家庭的教育资源,在合作中,双方可以交流、分享教育幼儿的经验和困惑,丰富有关的教育知识和技能,改善和提高双方的教育素养。

原本家长参与共研积极性并不高,教师主动寻找原因,与家长进行沟通后发现,家长晚上因要陪幼儿无法抽出更多时间,于是我们提前与家长沟通共研主题,让家长在生活中围绕此主题随机开展一些活动,丰富游戏经验同

时教师班中也开展相关活动,让共研小组有内容可研。

(3)共研形式上拓展家园共育空间,促进家长参与

家长更加理解了教师的工作。参加共研小组活动,家长能直接获得幼儿发展的知识经验,同时也能从共研中了解教师工作的复杂性,从而能换位思考,对教师充满更多的理解和信任。在共研小组的有趣打卡活动中,充分调动了家长和幼儿参加活动的积极性。

(4)亲师幼共研小组的辐射作用

活动打破班级的限制,来自不同的家庭一起游戏、一起互动,幼儿在这样一个温馨的集体中与自己的父母、教师、伙伴,以及其他人一起互动,逐渐理解家庭、幼儿园、同伴的关系。在科学区的共研活动中,幼儿大胆分享科学实验,与父母一起研究怎么玩,并把自己创意玩法分享给其他小朋友,同时把实验中的材料带到班中与人分享,科学区就这样形成了。

"421"的家庭组成,让幼儿在家庭中承载了太多的期望和关注。通过

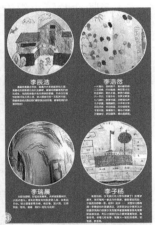
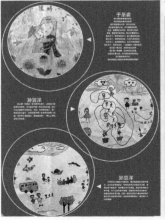
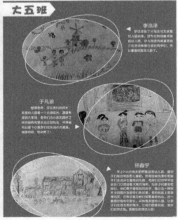

图8-5 在亲师幼共研滋养下的幼儿

亲师幼共研活动让家长放下工作,一起高效陪伴幼儿、观察幼儿。但是在共研小组的横向辐射作用上,仅有几个班级开展了相关活动,没有让更多幼儿受益;在纵向深入共研中,没有引发更多的深入研究,亲师幼共研小组接下来会在如何拉伸教研的横纵辐射性上继续开展研究。

通过亲师幼在生活课程中共研、共育、共成长的研究,让宸宜幼儿园有了自己的灵魂,亲师幼互为主体,不断丰富和优化活动资源、促进各自观念与行为的转变,引导家长从关注幼儿健康和智育转向全面发展。家长们从认为幼儿教育是幼儿园的事,转变为重视家庭和谐与文化建设,培育幼儿健康的人格、体魄,让幼儿用自己的学习方式不断丰盈建构知识体系,实现身心素质全面提升的正确教育观上来。

随着教研的不断深入,教师的教育观念和行为不断发生着蜕变,疫情下的教育活动也充分体现"心里有儿童、眼里有儿童、基于儿童身心特点和经验水平"的特点。

一场思想的邂逅,一场理念的共融

教师:赵静

2020年10月9日,宸宜幼儿园全体教师在刘园长的带领下进行了中心教研组关于《追随儿童一日生活的创生课程》二次教研活动。这次教研对我们年轻教师来说不单单是一场教研活动,更是一场教育理念的更新和教育实践的引领。

整场教研活动以问题贯穿其中。"视频题目中的三个关键词是什么?什么是追随?谁来追随? 追随什么? 如何追随?一日生活是什么?什么是课程创生? 课程故

图8-6　新老教师一起参加创生课程学习

事中教师的角色是什么？儿童的角色是什么？深度学习的过程逻辑是什么样的？《小小城市探索家》的套路是什么？"年轻教师带着这些问题参与教研活动，一下子燃起了教师们的教研热情，积极发言，不断思考，随着教研活动的不断深入，教师们也在不断创生成长着。

《小小城市探索家》的套路是什么？幼儿们在城市的探索过程中会有哪些有趣的事情发生呢？教师是怎么做的？幼儿是怎么做的？一系列的问题引领，让教研活动走向了高潮，教师们都聚精会神地看着视频影像，不断从中汲取教育智慧。经过教师们的研讨和梳理，我们发现了《小小城市探索家》里存在的套路："对城墙感兴趣—教师讨论—幼儿的问题—幼儿表征—幼儿讨论—教师讨论审议—教师支持—教师与幼儿反思讨论—幼儿实地做验证自己的猜想"。一种全新的教育理念引领着我们，教师要对幼儿的兴趣点进行价值判断，要有一定的聚焦，这样才能挖掘更大更深的教育价值。

理念引领实践。王海英教授的讲座《追随幼儿生活的一日课程创生》给了我们专业的引领，从儿童本位出发，要进行主动地、弹性地课程创生，要有课程的留白，促进幼儿的深度学习。我们追求的课程价值应体现在课程理念、课程目标、课程评价、课程内容的方方面面，多方协调促进儿童的发展。

教师的专业性不仅仅体现在日常的教育教学中，更体现在时时处处有思考、有反思，从反思中学习，从反思中成长。从问题出发，引领教师结合自身的教学实践不断进行反思。

创生课程对年轻教师们来说是一种挑战，对幼儿的成长和发展来说意义重大。宸宜幼儿园的教师将不忘初心，砥砺前行，不断充实自己的专业知识，倾注智慧真爱，呵护美丽童心，亲师幼共研共生，给幼儿创造温馨舒适且充满智慧的教育环境。

追随儿童一日生活的创生课程的教师感悟语

赵薇教师：

对于谁追随这个问题，我开始认为只有教师追随幼儿，通过今天的学习明白了追随者也可以是幼儿或者家长并不只是单纯的教师追随。

在以后的课程设计中要避免一味地刻板课程模式，同时要对深度学习的内容进行筛选。

张宝欣教师：

今天的学习对我来说非常有意义。通过学习案例，我知道了幼儿园的生活不只是忙碌的、慌乱的，还可以是有条不紊的探究所想。我还明白了，在今后的活动中，教师只需扮演支持者、引导者，在幼儿感兴趣的活动中要筛选出有深度学习意义的内容，而不是盲目的、刻板的预设活动。

苏萌教师：

通过今天的学习我了解到教师要做的是为幼儿提供发现的可能，为幼儿自主发现的机会，教师起到了陪伴、支架、引导的作用，眼中有生活，心中有幼儿，创造自主环境氛围，善于发现，甄别价值，关注深度学习。

陈俊娇教师：

通过今天视频和主讲的学习，更新了我对"追随"的理解，原来以为教师要追随幼儿，实际上还可以有幼儿追随幼儿。教师不仅要入戏还能很快出戏。幼儿园一日生活的准备活动也不应该那么踩点和仓促。

最大的感触是教师最重要的角色是支持者、引导者而不是导演者，要能管住自己不直接给幼儿答案，要多给幼儿留白空间。

朱颖教师：

通过今天的学习我知道了在选择生成活动的时候不仅要关注儿童的兴趣点，还要做价值筛选，选择对幼儿发展有益的内容，活动不能过于刻板，要真正将主导地位交给幼儿，尝试多利用小组的形式开展活动。

杜舒萌教师：

通过今天的学习，更新了我对教师的认识，教师还是文化的继承者和传播者，教师能够将自己的经验以幼儿接受的方式进行分享，通过一系列的深度学习，让幼儿建立共同经验。同时，在创生课程过程中，教师要给予幼儿充分的自主性，针对幼儿提出的问题进行有效筛选，引导幼儿进行自主探索和学习。

吕文玲教师：

1.感触最深的是教师要做支持者、引导者，要学会留白，以幼儿的实际生活及亲身体验为基础,留给幼儿更多的空间和思考讨论的机会。

2.要善于追随幼儿,筛选有价值的教育活动,开展深入学习。

李园教师:

1.教师在幼儿一日生活的活动中要有课程创生意识,不刻板死守课程计划,学会敏锐捕捉幼儿发起的有价值的、值得深度学习的兴趣点,为幼儿提供深度学习的空间,让幼儿真正成为学习的主人。

2.为幼儿提供游戏的实习场,让幼儿真正主动探究,真正获取直接经验。

赵静教师:

通过这次教研活动,让我对原有认识产生了不一样的想法:追随幼儿不仅仅是教师追随幼儿,也可以是幼儿追随幼儿。教师要对幼儿的兴趣点进行价值判断和筛选,深度挖掘其中的教育价值,亲师幼共研共生,促进幼儿的深度学习。

这些不一样的地方的感受:幼儿教育需要教师不断地成长不断提升自身的教育智慧,才能不断地创新,对于课程的创生,更是一种挑战与方向,作为教师要以儿童为本位,倾听儿童的心声,要勇于进行课程的留白,为幼儿的深度学习提供一定的空间。

曹凤娜教师:

今天的视频和主讲学习,有以下几点对于我原来的认知不一样:

1.兴趣点的价值筛选。

2.基于幼儿亲身体验的深度学习。

3.追随不仅仅是教师追随幼儿,还有幼儿之间、亲子之间、幼儿自己对自己的追随,"追随"的内涵范围扩大化。

这些不一样的地方带给我的感受:

1.现在总会听到:把问题抛给幼儿,要追随幼儿的兴趣点,等等,但是偶尔会有困惑,全都幼儿说了算吗?很多幼儿都有不同的兴趣点,都要追随吗?今天学习后我觉得确实需要对幼儿的兴趣点进行价值筛选,有些兴趣点是大多数幼儿都感兴趣的,可以集体进行主题式探索,有些兴趣点涉及范围小,可以以小组式、亲子式或者个人式的进行。

2.看到这个视频和讲座,应该让幼儿亲身去体验、去讨论、去验证,因此在开展各项活动和游戏时一定要注重幼儿的亲身体验和实践,把探索的主动权交给幼儿,让幼儿在真实的情境中进行深度学习。

3.通过观看后面的视频和学习,在幼儿的游戏和活动中,运用亲子、同伴之间进行兴趣点的追随,这样追随的结果再进行集中的分享,可能会收到意想不到的效果。

马继璇教师:

通过今天的视频和主讲学习,有以下几点对于我原来的认知不一样:

1.追随幼儿的兴趣点同时,也要选取有价值可以深度研究的幼儿兴趣点。

2.不同的幼儿有不同的兴趣,可以开展的活动有很多,在活动的组织形式上,可以多采用小组研究的方式,教师们要合理分工,将这些活动研究做的更有价值。

3.教师要"入戏",把自己投入到与幼儿的活动游戏中,成为这个活动的参与者,近距离观察发现幼儿。

我的感受:

1.教师是幼儿兴趣的发现者,是超越兴趣的合作者,眼里有幼儿,不只是发现幼儿的兴趣,更是要给予幼儿充分的支持。

2.在幼儿的周围有很多教育资源,园所和社区乃至我们的城市,都是可以挖掘教育价值的地方,教师也应该是开拓者,挖掘出最值得研究的资源。

3.故土情节和民族基因非常让我有感受,本民族的很多文化都应该让幼儿学习,可以在教育活动中贯穿一些民族文化。

张秋丽教师:

今天的教研让我与原来认知的不同有:

1.兴趣点的选择进行及时合理的筛选。

2.为了增长幼儿的直接经验,引导幼儿带着问题亲自探索。

3.根据幼儿兴趣,分为小组进行针对性学习研究。

我的感受:

1.在幼儿们兴趣点的选择上,教师总是一箩筐地收集所有幼儿们的想法和兴趣,不仅没有针对性,教师的工作也无从下手。通过教师间有效率地开展教研活动,可以更深入挖掘幼儿的兴趣点,从而引发的话题,并且教师在交流的过程中头脑会更加清晰地建构主题框架,更有效率地开展活动。

2.追随幼儿们的兴趣,总是"追赶""牵着走"教师会累,幼儿会更累。在发现了幼儿的兴趣后有目的地引导幼儿,鼓励幼儿走出去探索,发现生活中的小问题,找到解决的办法,这一切都是幼儿们喜爱的,同样能丰富幼儿们的直接经验。

3.在班里遇到意见不统一的时候,可用投票方式进行,少数服从多数,但分组教学更加有针对性,幼儿参与感会更强,教师的指导也会更加高效。

仇丽媛教师:

让我与原来认知的不同有:

1.幼儿们的兴趣点多种多样,教师要有目的进行筛选,筛选出值得研究的,有深度的点进行深入。

2.有目的地提升幼儿的表征认识。

3.根据幼儿兴趣,进行学习小组的分组,有助于幼儿共同进步、集思广益。

带给我的感受:

1.要合理筛选幼儿的兴趣点,选择有价值的,对幼儿有帮助的进行研究。

2.在幼儿获取直接经验方面:要相信幼儿的能力,给幼儿充分的时间去发现,去思考,形成表征并记录下来,达到丰富直接经验的目的。

3.教师要进行适时的引导与支持,充分发挥幼儿主体教师主导的作用,在尊重幼儿的基础上,引领幼儿。

许晓萌教师:

与原有认知不同的有以下几点:

1.追随什么?我们都知道要追随幼儿的兴趣。但是幼儿的兴趣是单一的,零散的,容易改变的。但是今天看到这句话让我醍醐灌顶——一个幼儿的兴趣很容易成为一群幼儿的兴趣;追随幼儿的兴趣不能扩散太多,要聚焦有一定的质量。教师要做到心中有数。

2.幼儿的一日生活应该是有序而又缓慢的,我们经常会为了赶一日生活的各个环节而催促幼儿，事实上幼儿们习得经验是需要一个思考过程的，我们应该为幼儿留下足够的时间去消化，去辩证，去习得，去养成。

带给我的感受：

1.教师在判断和追随幼儿的兴趣点时，如果是盲目而杂乱的，必然不能带给幼儿有价值的经验习得。因此通过教师的教研活动，思想发生碰撞，以及做到心中有数才是有价值的追随。

2.幼儿的课程也是有模式的，虽然内容不同，但是方法值得我们去学习与临摹。自发地讨论与探索、分组深入探究与学习，都是我们应该借鉴并深入学习的地方。

王鼎新教师：

通过今天的教研，与我原来认知不一样的地方有：

1.幼儿的兴趣点在一日生活中有很多，但作为教师要有甄别幼儿兴趣教育价值的能力和沉静下来思考的心态。

2.坦然地接受幼儿的不同。他们不同的兴趣、不同的学习方式，应开展小组式的活动，既尊重了幼儿又让教育工作事半功倍。

我的感受：

1.静下心来，用心去感受幼儿，多给幼儿一些时间，将活动做得更深入更有价值。

2.充分调动社区、家庭甚至是城市的资源，从幼儿时期潜移默化培养他们的故土情结。

陈洋教师：

通过今天的视频和主讲学习，有以下几点认识与我原来的认知不一样：

1.教师做的主题墙可能更美观，但不能让幼儿的能力提升。可以将主题墙做成主题海报。主题海报是幼儿将主题活动的全过程，用最典型的表征符号、表征语言进行记录而形成，每个幼儿都成为学习的主体。

2.可以有弹性作息制度，弹性作息能够保障教师自主决定时间，能够让教师慢下来，有更多时间和精力陪伴幼儿，观察幼儿在生活中产生的好奇心、问题意识，并促进幼儿深度学习的发生。

我的感受：

给我感触最深的就是教师要学会留白。如果我们在陪伴幼儿学习和成长中，没有课程留白、环境留白、策略留白、材料留白的意识，很难引导幼儿进行深度学习。留白就是教师在教育活动中留有余地，制造出神秘感，这样幼儿才会有一种强烈的好奇心，有参加活动的欲望。

王会静教师：

1.今天的教研让我与原来认知的教育活动不同的地方有：

一日生活节教育，每个活动都有可生成的点，可以是幼儿非常感兴趣的也可以是教师发起的，但一定是在幼儿感兴趣且符合幼儿年龄特点的基础上进行深入挖掘，这样才有学习的价值。

给我感触最深的是教师要放慢脚步认真倾听幼儿的想法，相信幼儿是有能力的学习者，让活动真正体现出幼儿的参与。

苏敬教师：

通过今天的教研，让我与原有认知不同的地方有：

1.幼儿的兴趣点有很多，不能盲目地进行追随，而是要根据它对幼儿的提升价值进行筛选，深度挖掘。

2.刷新了对追随的认知，追随不仅仅发生在教师和幼儿之间，而且还发生在幼儿和幼儿之间。

3.尊重幼儿的想法，让他们自己思考该如何去实践，倡导小组合作式学习。

我的感受：

1.要让幼儿每天的生活过得有价值，有意义，教师要学会放慢节奏，静下心观察幼儿。

2.赋予幼儿一定的权利，让他们自己做决定，去实践，真正做到以幼儿为主体。

3.整合周围的社区资源，甚至是城市资源，发掘有价值的资源，贯穿到我们的活动中，了解民族文化，培养幼儿的故土情结。

张建蕊教师：

作为教师，应成为幼儿深度学习的支持者、合作者、提供者，幼儿们发现的问题，我们应进行有效的筛选，围绕《指南》开展有教育价值的活动，适当给幼儿提供实验的场所和创造条件，跟在幼儿的身后观察他们，为他们提供帮助。

李琪教师：

跟随幼儿的脚步去寻找教育的契机也存在两面性，其中有适合深度挖掘和探究的内容，同时也存在一些没有太多教育价值的活动，这就需要教师进行辨别和筛选，将教育资源最大限度地利用起来。同时也反思了自己曾经做过的一些主题活动和探究活动是否真的有价值，死板的活动、呆板式的"套路"，应值得自己再反思，多和其他教师学习，丰富自己的想法，灵活应对和准备主题探究活动。

孙燕教师：

通过参与今日的教研活动，让我在两个地方理解与原来认识不一样。首先对"追随"的深度解读，曾经以为追随就是跟着幼儿的兴趣走，无论在主题活动开展还是区域游戏中，都会以追随儿童的兴趣为基本原则，但是也常常困惑于幼儿的"善变"以及如何引领儿童走入深度学习。通过教研了解到在追随儿童的过程中，要有一定的聚焦，要善于发现幼儿的兴趣，同时甄别教育价值。

其次在实例与头脑风暴的过程中反思曾经的教育误区，那就是一个幼儿的兴趣不代表一群幼儿的兴趣。活动可以是教师与幼儿共同发起，根据幼儿的兴趣，并且不断对话，可以大胆尝试小组活动，用项目小组的形式满足不同幼儿的兴趣爱好。

感受：(1)慢下来(2)在套路中敢于突破

我们每日的工作琐碎零落忙碌，怎么让生活慢下来，变得有条不紊是我最大的需求也是渴求。反思自己的工作，首先要弄清我要做什么，为什么这样做，理清活动中的"套路"，减少"瞎忙"。合理利用身边的资源，敢于赋权与放手，相信幼儿，让自己解放出来。

突破与创新才能让我们的活动有"新意",你觉得有趣,幼儿们才会喜欢,也就是教研中提到的教师能够"入戏"。教师是游戏的支持者也是参与者,如果活动总是牵着或者"赶"着幼儿们,不如停下来听听他们的想法,听听他们的想法,尝试进行多维沟通,与幼儿们一起分析,驶入活动实习场,让幼儿做活动的主人。

胡安然教师:

教师的指导是宽松的、随机的,此时要充分考虑幼儿才是活动的主体。在自由宽松的气氛中,教师对幼儿的指导并非放任,而是通过教师有针对性的指导,激发幼儿参与活动的兴趣,让他们在自愿的活动中体验动作。除了观察指导和个别帮助指导外,教师还要充分调动幼儿的主动性、积极性、参与性,还要鼓励他们要有创新意识。教师必须根据幼儿的思维的具体形象性特点,用启迪思维的语言、眼睛能看到的实物给以暗示,使他们看到实物、听到语言,产生创造活动的欲望。

魏金焕教师:

在探究活动中要帮助幼儿建立共同经验,根据他们的兴趣一步步深入探究,教师成为支持者、追随者,帮助幼儿深度挖掘问题背后的教育价值,可以分成小组进行探究,要灵活运用活动中的套路,使课程内容生活化、游戏化、弹性化、创生化。

魏莹慧教师:

我们都知道教师应该是幼儿游戏的支持者,兴趣的追随者。但是该怎么支持,该怎么追随呢?常常是教师困惑的问题,通过今天的教研,我学习到教师为了支持幼儿游戏主动学习,当幼儿提出问题时,及时教研并甄别有价值的问题进行深度学习。尊重幼儿,选择几个点进行分小组形式的深度教研而不是一刀切。课程应有一定的弹性,也就是留白。教师要给予幼儿充分探索的空间。创生课程尽量避免模式化,让课程真正活起来,让教育自然而然的流淌。

门童欣教师:

通过今天的学习,我对追随者这个词有了重新的认识,追随幼儿需要和兴趣的追随者不仅仅是教师,同伴也是非常重要的角色。发现幼儿的问题之后,不要急于将问号变成句号,培养幼儿自己独立思考,解决问题的能力,将幼儿的问号变成惊叹号。

吴睿智教师:

教师应多观察幼儿,了解幼儿的兴趣点,挖掘丰富的教育资源,分析资源,对照《指南》,形成网络预设,引领幼儿探索发现,观察学习,通过亲身实践获取经验,寻得答案。在发现问题时,不回避,不盲从,挖掘问题后的价值点,适度进行活动探索,在有限的时间让幼儿轻松愉快地活动。避免活动细碎、烦琐,也杜绝活动过于简单,浮于表面。转变从前"呆板"的活动模式,在过程中保持宽松的灵活度,有弹性的预设,给幼儿一些机会,在日常化的生活游戏中求"真",求"新",求"心"。

谭慧教师:

追随的意义在哪里? 教师追随幼儿,幼儿追随教师,幼儿追随幼儿,三者之间的关系,扮演的角色都需要我们去探索研究,放慢脚步感知幼儿真实需求需要。

我们成长的故事
教师:曹凤娜

我是一名新幼儿教师,到现在我也不太能体会到这个职业给我带来的"美"的感受。记得一次开会的时候,园长说她真正感受到幼儿教师这一职业的幸福感,是在十年之后。我听后陷入沉思,到底幼儿教师这个职业会有怎样的"美"呢?

记得刚担任班长的时候,每天早晨四点半左右准时醒,醒来后的心情就像是在等待高考成绩,焦虑又忐忑,可又不知道自己为什么会有这样的情绪。现在,我仍旧四点半左右会醒,但现在我知道了原因,因为自己的潜意识里在想着今天要做哪些事情、要交什么材料、区角怎么弄、课要怎么上,幼儿们的安全怎么保障、家长工作要做些什么。

我不是一个有洁癖的人,可以给幼儿清理粑粑,但难以忍受的是清理呕吐物,只要一闻到那种气味自己忍不住就会吐。自从当上幼儿教师之后,我遇到了 N 次呕吐事件,让我记忆深刻的是俏俏和浩浩。早上喝牛奶的时候,俏俏吐了满满一桌子,顿时教室里弥漫了一股呕吐物的气味,我强忍着胃里的翻腾赶紧收拾,不过收拾到一半的时候还是没忍住,跑到厕所,一把鼻涕一把泪地把胃里的东西全吐出来了。还有一次是浩浩,吃完饭后拿杯子接水漱口的时候,把刚刚吃的饭全吐在了饮水机上,顿时饮水机槽里全是呕吐物,那场景我真是一辈子都不会忘。这怎么办呢?只能用报纸和纸夹子往外掏,掏的时候自己闭着眼睛,戴着口罩,但我还是没忍住,跑到厕所一阵狂吐,吐到无力。

我是一个非常粗心的人,平时丢三落四、不太会照顾关心人,可能是因为自己从小被照顾习惯了。但自从成为一名幼儿教师后,我觉得自己变了好多。现在的我,会不由自主地观察幼儿的穿着打扮是否合适、幼儿的气色状态是否正常、幼儿的情绪状态是否愉悦。记得前几天刚刚吃完自助餐,中午午休的时候,看着幼儿们安静的休息,自己却十分担忧,一直在巡视,摆正好幼儿们的睡姿,甚至把手指放在熟睡幼儿的鼻前进行查探,丝毫不敢松懈。

上周,有小朋友突然对我说:"教师,我喜欢你!"我问她为什么突然对我说这些,她说:"因为我马上就要毕业了,我不想离开你。"还有好多小朋友,时不时地来抱抱我,坐在我腿上,跟我撒娇、打闹,我知道,这是他们在表达自己对我的爱。

前阵子我感冒了,洋洋老师特意从家给我带来了感冒药,饭后必提醒我吃药;因为搬床扭了一下手,丽丽老师说什么也不让我搬床,她来帮我搬;王老师虽然和我不在一个班,但每次见到我都会亲切的喊"娜姐"。这样温暖的事情还有好多,我都记在心里,感动在心里。

现在的朋友圈里,家长们在"晒"幼儿的同时,也在"晒"教师、"晒"幼儿园,教师和家长们互相评论,互相点赞,平时接送幼儿时少了寒暄客套,多了友爱、赞赏和感谢的话语,即便没有说话,只是点点头,也都充满了信任与美好。现在的我,可能还不能了解"最美教师"的真正意义,但我感觉自己每天心里美滋滋的,很幸福,工作起来很舒心,可能我正走在"最美"的路上,再多走一段路,下一个转角可能就是"最美教师"的站点。

对幼儿的爱让我心甘情愿地去奉献

教师:来昌琴

自从跨进幼儿园的大门之后,我知道做一名幼儿教师是不容易的,做一名爱幼儿的幼儿教师更不容易。毕业就步入幼教这个行业,入职前的那份忐忑之心如今早已被爱填满,在幼教这块土壤上我快乐地成长着,这一段成长让我明白播种下爱,收获的不仅仅是爱,更多的是快乐和感动。

工作三年,我几乎将自己的全部精力都奉献给了幼教事业,除了对工作的高度责任感,我想应该是对幼儿的爱让我心甘情愿地去奉献。这种爱,既是激励,又是责任。如今的使我对这项工作更加胸有成竹,更加得心应手,与幼儿们在爱中融为一体。久而久之,一个眼神,一个动作,幼儿们好像都和我有了默契,随时能心领神会。当我一心扑在幼儿们身上时,当我汗流浃背、口干舌燥时,幼儿们一句贴心的话语、一个暖心的举动,让我忽然发现他们长大了,懂事了,聪明了。突然间,我也找到了自身的价值:幼儿教师的工作是塑造人的工作,它无比神圣,无比伟大。

几年之间,虽然我的工作角色从保育到教养,从班长到组长,但是我知道,有一点没有变,那就是我是一名幼儿教师,不管对其他人来说,我是什么样的角色,我在幼儿们的眼中,就只有一个角色,那就是他们信赖的教师甚至是依赖的"妈妈"。因此,不管是做任何工作,幼儿是我要考虑的第一位。我和幼儿们彼此交换真心,陪伴着他们从小班步入中班,又从中班即将迎来大班,我们之间,早已变得相互信任,融洽无比。

工作中的收获数不胜数,最令我感到欣慰和骄傲的是,通过自己的不断努力,幼儿们正慢慢向自己和家长心目中理想的模样成长着。都说幼儿们的身上会有教师的影子,我希望自己的优点能感染他们,为他们树立一个积极的榜样,让他们也能学习我的长处;同时,我又怕自己的短板不足以给幼儿们带来强大的学习动力与支持。因此,不善于表达的我从幼儿们一入园,就在他们读书说话上下了很大的功夫,我教他们说话、看书、观察、大胆表达,鼓励他们多阅读,勇敢说出自己心中所想,并且激发他们的各种想象力,同时也邀请家长们和我一起努力,平时陪幼儿多看、多说、多观察、多思考。渐渐地,我发现,幼儿们变得越来越能说、敢说、会说,同时他们的观察力也在不断提高,想象力也越来越丰富。在这个愉快活跃的班级氛围下,幼儿们的各项能力也在不断增强。

辛勤的付出收获了幼儿们的爱,更得到了家长的支持与认可。每每听到家长说"教师真不容易""我们家长有时候都做不到像你们那样细致入微""教师很专业"时,我觉得自己的付出是值得的,是被理解的。

作为一名幼儿教师,我很幸福,很快乐,我也像天空中的那轮太阳,暖和了别人,也暖和了自己。面对这份幸福、快乐,我自豪、骄傲,我想说,最美的就是——我是一名幼儿园教师!

附:

教学案例一:《巧数石榴》

教师:杜舒萌 张宝欣 赵光华

1.有趣的开始

秋,收获的季节,的确,她给大自然带来了丰硕的果实。金秋的阳光温馨恬静,金秋的微风和煦轻柔,金秋的蓝天白云飘逸,教师带着小朋友们漫步在金秋的幼儿园里,一个个、一串串、一簇簇的果实映入眼帘,目不暇接。幼儿们兴奋地欣赏着、触摸着,好像秋天就在自己的手中一样。突然,不远处传来幼儿们兴奋地感叹声,

图 8-7 巧数石榴照片

"哇,好多石榴啊,好想尝一尝啊!""树上的石榴有多少个啊?够我们班小朋友分的吗?"

带着这个疑问,幼儿们纷纷数了起来,于是大家围着石榴树开始数石榴。田田说:"我数了 33 个石榴,够分了!"果果说:"我也数了,有 21 个,不够分的!"每个小朋友都数了一遍,可是答案都不一样,到底有多少个呢?

"不如我们问问老师吧!"腾腾提议。幼儿们找到老师,老师一听到幼儿们对这棵石榴树上的石榴个数这么感兴趣,便对幼儿们说:"老师带你们认识几种数数的方法,但是答案需要你们自己找到!"

2.本领时刻

首先,教师请小朋友数森林图片上的小动物有多少只,幼儿们数得很快,知道基本方法是按顺序数数。

然后,教师又出示楼房图片,要求数房间数,幼儿们一起数才得出了答案,虽然大家得出了答案,却觉得太慢了,怎么样才能快一点数出来呢?小朋友们齐动脑,发现每一层的房间数是一样多的,可以横着数或者竖着数。

接着,教师又请大家数豆子,要求数量要正确。这下幼儿们一个个聚精会神地数豆子,生怕落下一个豆子。最终,幼儿们数清了豆子个数,大家总结方法,遇到实物数数,可以把数过的东西放到一旁。

3.头脑风暴

教师提出疑问:"如果是数树上的石榴,用哪种方法能数清楚呢?"

幼儿们以小组的形式开始讨论,大家提出把石榴都摘下来,进行实物数数。

"可是石榴还不能摘,有的还没有成熟呢"!

"那就从前后左右四个方向数石榴,这样不用摘也能数"第一组的小朋友很快给出了答案。

"可是,大家从不同方向数,有的没看到的会落下啊,还是不准确呀!"一时之间,大家遇到了难题,这可怎么办呢?这时,李紫萱小朋友突然说:"我们可以把数过的石榴做上标记,这样就不会落下了,贴上标记的就是我们数过的,就不用再数了。""那我们用什么来做标记呢?""可以用班里的小粘贴啊!"

小朋友你一言我一语地,越讲越兴奋,决定要用这个新办法去试一试。

4.再数石榴

幼儿们再次来到石榴树旁,把自己手里的粘贴贴在了每个石榴上。粘贴都贴完了,可是,石榴到底有多少个呢?看着手里的粘贴,闫宇说:"我们可以数贴了多少个粘贴!"于是,大家开始数粘贴,一共贴了40个粘贴,一共有40个石榴。

5.验证

我们数的石榴是准确的数量吗?我们再用这个方法,检验一下吧,只有每个石榴都贴了两个粘贴才可以。果然,小朋友们刚才数的时候落下了一个,有一个石榴上没有粘贴!那么应该是41个才对!我们终于数清楚这棵石榴树上的石榴了,真开心!

6.我们的收获

"数"来源于生活,运用于生活。数学是一门抽象的艺术,看似简单的数数活动,实则蕴含大智慧。于是,在这次的活动中,教师针对幼儿们发现的问题并没有直接给出答案,而是让幼儿们根据实际情况选择合适的解决方法。让幼儿们在生活中学习,在生活中体验,在生活中成长。看着一张张充满了成就感的小脸,我知道,他们得到的不仅是解决问题的快乐,还有着对知识的掌握和理解。对于大班的宝贝们来说,生活化的学习方式让他们更加乐于接受,并乐在其中!

教学案例二:《妙手小医生》

教师:谭慧

有一天,园长教师发现一对玩偶中的女偶不见了。原来,在小二班那里。原因是谭教师不小心把玩偶的头部摔坏了。教师却大胆地将抢救小玩偶的任务交给了小班的小朋友:"小朋友们,你们生病的时候有医生的救治还有父母的陪伴,可是小玩偶摔伤了,怎么办呢?谁能帮帮他?"幼儿的心灵是最善良的,他们争先恐后地想帮助她。经过讨论,救助任务落在两位小朋友身上。接下来两位小朋友就像小医生一样,认真地将碎片黏合,用稚嫩的小手轻轻地捏紧,还时不时学着医生的口吻安慰着可怜的玩偶:"别怕,一会儿就好了,一点都不疼,给你做个漂亮的蝴蝶结吧?"很难想象,连自己裤子都提不好的幼儿居然也可以专注投入地做一件事情,当幼儿把玩偶修好给我看时,我被震撼到了。我的眼里闪动着激动的泪花。因为幼儿的善良,幼儿的坚持,使我们更加坚定地相信"相信的力量!"

小班的幼儿这次做"小医生"的经历,让美好品格的种子在幼儿的心里向善生长沐爱茁壮。生活中有许多这样的意外发生,我们的教育就是要教会幼儿们学会尊重和珍惜拥有的美好,不伤害和损毁身边的事物,当他们遭到损害的时候,要勇敢地承担责任,献出爱心,不抛弃不放弃,用自己的爱心和双手,去帮助那些需要帮助的人。我想,德育工作就是这样在幼儿们的生活中悄悄发生,默默浸润的过程,是在尊重与鼓励中不断激发自信,在相信与放手中不断丰富,在合作与克难中不断提升,在包容与理解中共同成长的。

图 8-8　妙手小医生

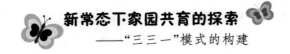

教学案例三:"疫"场有儿童的活动——云游之旅

教师:王妍

一次,线上活动《美丽的祖国》教师和幼儿们一起见识到北京的建筑美,哈尔滨的景色美,云南的民族美。幼儿们对自己去过哪里的话题滔滔不绝。对于幼儿们来说,走过的路和看过的风景,都将成为滋养他们成长的经验。我们以此为契机,追随幼儿们,创办了一场"云游之旅"的活动。活动中幼儿们用自己喜欢的方式表达着自己的亲身实感,以自己喜欢的方式表达心中的旅行"记忆",幼儿们本真的表达格外动人。

1.分享活动初尝试

轩轩:"老师,我们分享一次自己的旅行经历吧!"

这一想法得到了小朋友们的支持。正当五一小长假,疫情尚未完全消散,大部分家长依旧选择带幼儿宅在家中。

云游之旅导游招募消息刚刚发出,就收到了幼儿们报名参加导游的消息。第一个带来分享的是甜甜小朋友。她分享的是青岛纺织博物馆之旅。

甜甜将自己旅行参观的图片发到群里后开始介绍自己的旅行经历。

大宝:"甜甜,棉花放到机器里出来是什么样子的呢?"

甜甜:"经过机器的加工,棉花出来就像把彩泥搓成条条一样。"

俊俊:"为什么要把棉花抻长?"

甜甜:"因为这就是布的生产过程。"

明朗:"布的生产过程到底是什么样子的呢?"

从幼儿们的谈话中我发现幼儿们对布的制作过程不了解,他们更想知道这些机器是怎样将棉花变成布的。于是我将纺织的视频分享给幼儿们,并对他们的疑问进行了解答。

希希:"原来我们穿的衣服要经过这么多的工序真是太不容易了。但是我们之前学过蚕吐丝之后将丝织成布,为什么这次是用棉花来织布呢?"

面对幼儿们的疑问,我通过让幼儿们观看视频发现原来布料分很多种,不同的布料所需要的材料是不同的。

从第一次分享过程中我们发现幼儿们能提出很多问题,这些问题都是基于幼儿提出的,没有教师的干涉。对于分享旅行经历的小朋友我们能发现这次的分享是由家长来帮幼儿选择,对于纺织的过程幼儿不了解,分享中也能听到家长在旁边协助幼儿。整个分享活动还是由家长主导,如何让分享活动真正做到以幼儿的分享为主,我们将活动进行了调整。

2.转变观念,幼儿主导

经过第一次的尝试,我发现活动过程中的问题,与家长沟通,转变家长观念,希望在活动的准备过程中尊重幼儿的想法,以幼儿为主导。这一次的旅行分享者是明朗,我们一起来听一听明朗的分享吧!

明朗:"今天我要给大家分享的是我的青岛之行。青岛是一座海滨城市,它有很多的海和各种各样的海鲜。第一站我去了海边,海边有一个拦鲨网,就是拦鲨鱼的网子。之后我去了野海,在野海没有拦鲨网,相比有拦鲨网的海边野海的人很少,两个沙滩的浪都很大。在野海我们挖了一个小水坑,还捉了螃蟹。接着我和爸爸妈妈去逛了海鲜市场,在海鲜市场我发现了一个长得像大肉虫子的海洋生物。我问爷爷那是什么,爷爷告诉我这个是海肠。"

宸宸:"海肠能吃吗?好吃吗?"

明朗:"海肠虽然可以吃但是我们没有买,所以不知道好不好吃。"

希希:"你为什么在海边只捉螃蟹不捉鱼,是因为你喜欢吃螃蟹吗?"

明朗:"在野海最好发现的是螃蟹和海草,鱼不好捉,所以我们只捉了螃蟹。"

明朗:"第二站要带大家游览的是青岛海军博物馆,首先大家先看这张游览平面图。海军博物馆有坦克区、红旗轿车区、炮弹区、飞机区和武器区。接下来给大家分享一下海军博物馆里坦克和飞机的照片。参观完坦克区和飞机区我们又去看了105驱逐舰,驱逐舰有很多的船舱。最后我要给大家分享的是如何购票,游客们通过扫码就可以购票了,如果你也感兴趣可以去青岛游玩。"

"粉色的区域是什么""红色的星星是什么"这些坦克和飞机是真的还是

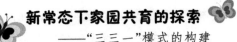

假的？"这些问题完全没有难倒明朗，接收到了小朋友的问题，明朗耐心地讲解起来。

"接着我要带大家游览的是青岛极地海洋世界，极地海洋世界有三层，在第二层有白鲸还有海龟等。你们都知道海龟，但是从来都没见过海龟的真实大小和样子吧，接下来我给大家看一张照片一起来看一看海龟的样子。第三层是快乐剧场。极地海洋馆就像一个大棚子外面都是水，水里面有很多的鱼。极地海洋世界里面还有北极狐和北极熊，在这里我还看到了美人鱼的表演。最后给大家分享两个视频，你们可以欣赏一下。"

明朗分享完小朋友们一言我一语地问道："这里都有什么鱼？""这里的鱼都是真的吗？"听了游客们的问题"小导游"开始了向游客们讲解。

这次明朗介绍每一个景点时都非常详细，从他的分享中可以看出幼儿对这次的分享内容很了解，而且明朗会对小朋友感兴趣的问题进行详细地讲解，在讲解的过程中明朗表现得非常有耐心。

明朗平时是一个好动的男孩儿，上课都需要教师提醒才能坐在座位上，但是这一次的分享活动让我看到了他的成长。在整个活动中明朗表现得特别积极主动，他会尽量听完小朋友的问题再给出回应。通过这次的分享活动将舞台交给幼儿，让他们做学习的主人，调动了幼儿的积极性、主动性，发展了幼儿的语言表达能力、语言组织能力、应变能力以及倾听能力。

3.分享活动再升级

调整后的分享幼儿们在活动中的主导性越来越强，家长和教师在活动中能充分尊重幼儿们的想法，由幼儿来主导自己的分享活动。相比第一次的分享活动，幼儿们越来越成功。如何让分享活动由幼儿们来主导，我们又进行了第三季的云游之旅分享。

这次带来分享的是轩轩小朋友，轩轩是第二次带来分享，在第一次分享结束后教师和妈妈进行了沟通，了解幼儿在分享中的收获与成长。第一次分享前轩轩害怕、没有自信，但分享结束后妈妈问她分享的感受时她的反馈是很不错，还想继续参加分享活动。听到幼儿的话，作为教师的我很开心，于是和妈妈进行了沟通。在和妈妈沟通的过程中发现第一次的分享是妈妈帮忙选择的,幼儿在整个过程中虽有参与但主导性不强。为了培养幼儿的主导性,我建议妈妈放手让幼儿自己去选择,在准备过程中如果幼儿需要帮助可以为幼儿提供材料、内容等方面的支持。这一次轩轩带领我们游览的是平津战役纪念馆。

轩轩:"平津战役纪念馆门口有一个特别高的平津战役纪念碑,它的两侧有两座雕塑,意思是并肩作战解放天津。"

天天:"轩轩,这张照片上的是不是大炮?"

轩轩:"天天,你说对了一半,它的名字叫榴弹炮。"

天天:"榴弹炮很有趣,我还是第一次听说。"

轩轩:"你们知道这张图片上是什么字吗?"

天天:"民族魂。"

轩轩:"接下来这张图片上的坦克你们知道他是什么号吗?"

楷楷:"我看到了坦克上写着 006 号。"

轩轩:"它是缴获过来的,立了很大的功劳。"

轩轩:"你们知道这张图片中的人物是谁吗?"

豆豆:"是我们的毛爷爷。"

轩轩:"是的,他就是我们的伟大领袖毛主席。"

轩轩:"你们知道这是什么东西吗?"

明朗:"这是什么,我从来没有见过。"

教师:"这是农具吗?"

轩轩:"原来老师也不知道,其实这是爸爸妈妈小时候都会用的东西,是用来做鞋底的。我爸爸小时候穿的鞋底就是用它做的,但是现在我们已经不用它做了。"

天天:"为什么用它来做呢?"

轩轩:"原来工业不发达所以都用它来做鞋底。"

轩轩:"接下来这张图片上黑黑的东西你们知道是什么吗?为什么要蒙上眼睛呢?"

楷楷:"黑黑的东西是驴吗?"

轩轩："其实他是毛驴，为什么会蒙上眼睛是因为它在拉磨是会一直转圈，怕毛驴晕就会将它的眼睛蒙住。"

悄悄："为什么用毛驴拉磨而不是用马来拉磨呢？"

轩轩："马是重要的战备物资所以不用马而是用驴。"

这次的分享轩轩能自己完全掌控全场，有提问有回应。在分享过程中能将教师纳入其中，说明教师在他们的心目中是平等的关系。她对自己分享的内容完全熟悉，面对小朋友各种各样的提问都能给予准确的回答。从幼儿的分享过程中能看到幼儿的进步与成长。当我们真正将舞台还给幼儿会给我们很大的惊喜。

这一次的分享活动收获的不仅仅是幼儿，作为教师有很大的收获。任何事情迈出第一步总是困难的，在准备进行这个活动前其实我的心里是很抗拒、很害怕的，我怕活动中幼儿分享的不好，幼儿的参与度不高，如何才能追随幼儿的兴趣组织活动，如何让幼儿成为活动的主导者等等。所以在幼儿们分享前我会和家长沟通幼儿的分享内容，之后我会搜集关于幼儿分享内容的有关资料，做到心中有数。当我迈出第一步时我会从中发现很多他们感兴趣以及想了解的事情，并且通过活动发现幼儿的成长。在活动遇到困难时反思整个过程，与家长沟通转变家长观念，在准备过程中充分尊重幼儿的意见和想法，以幼儿为本，作为家长要充分尊重接纳幼儿的意见和建议。

在后续的活动中，我更加深刻地了解作为教师要认真倾听幼儿们说的一切，记录着他们感兴趣的事情，好奇的事情，在他们需要时给予幼儿们支持与回应。比如幼儿们在听到海肠时从他们的语气中我能感受到他们很想要知道海肠到底长成什么样子，于是我搜集了海肠的视频在活动的最后分享给幼儿们，通过视频让幼儿们更直观形象地观察海肠。

儿童讲成人听，成人的听不只是一种形式，更传递了一种态度，一种对儿童的尊重。当我们认真听儿童讲时，幼儿能感受到，当我对明朗说你今天的分享特别好教师从你的分享中收获了很多，明朗很有礼貌地对我说谢谢教师，我想幼儿也能从中收获自信、收获成长。从这次的分享活动中让我更加深刻地理解了活动中"有儿童"的重要性。我们要让儿童成为活动的主人，让他们有自己的选择,在活动中发表自己的意见,最为教师要尊重幼儿的合理的意见和建议,真正做到让儿童的利益最大化。虽然在尝试的过程中会有困难,不知道是成功还是失败,但永远也不要停止尝试。当我们真正将舞台还给幼儿他们会带给我们更多的惊喜。

(二)家长感悟篇

心声一:满满都是爱的回忆

大四班:范逸宸妈妈

在爱的滋养下,我家小苗正在以我始料未及的速度茁壮成长着! 这一切还要从三年前说起……

正式成为宸宜幼儿园小四班的一员,是从半个火龙果卡片开始的! 入学的第一天,当我们走进教学楼的时候,发现楼道里到处都是拿着各种水果卡片的小朋友在找东西。很快范易宸也拿着他刚刚领到的半个火龙果卡片加入行列。原来,小朋友们在根据自己手中的卡片,对照每个班级门上的卡片,寻找自己的班级。瞬间一股暖流流入了我的心里,这样一个看似不起眼的小创意,包含了幼儿园教师们对幼儿的爱。小班的小朋友是不认识字的,所以通过水果卡片,当两半水果卡片完整拼成一个水果时,小朋友们就能顺利找到自己的班级。同时,通过这个有趣的活动,一下子就拉进了小朋友们之间的距离,拉近了小朋友和教师之间的距离,拉近了小朋友和幼儿园的距离。小朋友们快快乐乐地来到幼儿园,毫无顾虑地和爸爸妈妈们说再见。就这样,我担忧了两个星期的问题,被幼儿园的这个小创意迎刃而解。我之所以会担忧,是因为范易宸是个很胆小,很内向的幼儿。在之前幼儿园举办的几次亲子活动中,他都是戒备地看着周围的小朋友,甚至是教师们。并且总是用小手牢牢地抓住我的手,有时手心都攥出汗来了,也不会松开。无论教师们用多么温暖的笑容都无法融化这颗"小冰心"。

最开始的幼儿园生活只有半天时间,迎着灿烂的阳光,在小四班门口见到范易宸的时候,他给我一个灿烂的笑容,我悬了半天的心又一次放了下来。

那天教师和我聊了很多,都是关于范易宸在幼儿园的一举一动,哪里表现得好,哪里表现得不好等。我当时很惊讶,教师们是如何做到在进行繁重工作的同时,关注到每一个学生的?当时觉得也许这就是专业素养吧。现在回想起来,支持教师们做到这些的应该是爱,是对每一个小朋友最平凡又博大无私的爱!

回到家中,我和范易宸聊天,聊着聊着就聊到了幼儿园生活。他告诉我上幼儿园特别开心,幼儿园的甜点可美味了,幼儿园的小朋友可真多啊,幼儿园的游戏太有意思了,幼儿园的教师像妈妈一样好。突然间,他舔了舔小嘴,叹了口气,话锋一转道,"幼儿园只是有一点不好!""哦?哪里不好?"我问道。他接着说,"就是上幼儿园的时间太短了,要是能多待会儿就好了!"我听了,哈哈笑了起来。原来成长是这么快!爱,已发芽。

时光飞逝,转眼间一个学期结束了。上完了本学期的最后一天幼儿园,范易宸兴奋地拿着一张奖状,在家人面前炫耀。他说,这是教师对他这一个学期表现给的奖励,每个小朋友都有,但每个小朋友得奖的原因都不同。我拿过奖状,看到上面写的是"最勇敢奖"。我的眼泪险些失控。我知道,范易宸不是幼儿园最勇敢的小朋友,但他却是最需要这张奖状的小朋友。我无法计算这张勇敢奖状能够给范易宸带来多大的勇气,但当时我看到了孩子眼里闪出了自信的光芒!因为在一个学期的幼儿园生活中,范易宸在教师的关怀和引导下,在家园共育的作用下,一次又一次地超越自我,战胜自我!我觉得勇敢不一定是别人不敢做的事情你敢做,其实勇敢还可以是自己从前不敢做的事情,慢慢地通过自己的努力,战胜自己内心的恐惧,变成我也敢来试一试!

整个假期,范易宸都是在思念幼儿园教师和小朋友们中度过的。

开学了,终于开学了!范易宸成了中四班的小朋友。那天放学后,他带我参观了他们的新教室,他的兴奋溢于言表。

在幼儿园有一处开发的一块小菜地,有时还会拿回家一些,得意地告诉我这是他们自己种的,没有化肥,也没有添加剂……

还有宸宜小厨、宸宜超市、宸宜医院等各种有趣的游戏区角。仔细观察这些游戏区角你会发现,这些场景布置可不只是小朋友们的玩具哦。其实这些游戏都能够让小朋友们在游戏中增长知识,在不知不觉中进行学习。幼儿的进步总是让我惊讶,幼儿园的教师们从没专门教过幼儿们一个数字,一个汉字等关于文化课的知识,然而,日常生活中幼儿总是能给我带来惊喜。中班的幼儿竟然能够数对 30 多层楼的楼层,我觉得对一个幼儿来说这真的挺难的!教师说:"这是能力,我们通过游戏教会幼儿的是数学能力,语言能力,还有生活常识等,这对幼儿以后的学习生活才是最重要的!"原来在幼儿园的每个角落里都蕴藏着教师们的智慧和满满的爱!宸宜幼儿园,你还要带给我们多少惊喜。

中班时的六一儿童节,我想应该是给每个宸宜的幼儿都留下了难忘的、愉快的、美好的记忆。一项接一项的游戏项目、亲子活动、舞台表演、礼物赠送等等到处都留下了幼儿们的身影,都能听到幼儿们开心的笑声。幼儿们还能通过完成游戏获得的游戏币,购买美食广场的小点心。幼儿们边吃,边玩,享受着属于自己的节日的同时,还能在教师们精心设计的游戏中学习到各种生活技能,获得知识。

不过,在这个充满欢乐儿童节,最让我难忘的是一直内向、胆小的范易宸这次竟然代表中四班,做了六一儿童节亲子嘉年华的小小主持人。当他一个人走上台准备报幕的时候,我紧张地盯着台上,生怕范易宸看到台下众多的小朋友及其家长们紧张地得说不出话来!结果,范易宸顺利地完成了自己的主持人任务。

虽然他的声音不是最洪亮的,但对我来说,范易宸今天的表现是最棒的,他又一次超越了自我!这飞跃性的成长,都要归功于中四班的班主任曹老师。回想两年来,曹老师总是一次又一次地鼓励我,鼓励范易宸要多参加幼儿园的各种亲子

图 8-9　满满都是爱的回忆

舞台表演活动。从一开始,范易宸上台后紧张地抱着我哭,到后来上台紧张得不能说话,再后来能够再台上小声地随着我完成演唱。一次又一次的失败,是曹老师一次又一次的鼓励,虽然之前的几次表演都不尽如人意,但赛后都会发给范易宸一张金灿灿的小奖状。就是这一次次的失败,一次次的鼓励,一次次锻炼的机会,终于让范易宸走向了成功。后来我们又参加了亲子歌唱大赛,范易宸已经能大声独自完成一整段的表演,真真正正凭借自己出色的发挥得到了一张属于自己的小奖状! 还有后来的舞台剧表演、废旧材料制作时装秀等都取得了成功。

正是曹老师对每个学生细致入微的爱,正是曹老师的不抛弃、不放弃的教学理念,让范易宸从原来害羞,胆小甚至有些懦弱的小男孩,在充满爱的宸宜幼儿园,在充满爱的中四班破茧成蝶,变成了勇敢坚强的小小男子汉! 不仅如此,曹老师还能发现每个幼儿的天赋,鼓励幼儿,增强幼儿的自信心。

有一天放学后,范易宸突然抱着我说:"妈妈我爱你! 妈妈,你也爱我对吗?"我感到心头一暖,点了点头。然后抱起他一顿猛亲! 他用力推开我,我愣愣地看着他。他接着对我说:"妈妈,表达爱的方式有很多种,你为什么非要亲我,你知不知道大人不能亲小孩,那样容易传染细菌的。" 我听了哈哈大笑。原来上幼儿园还可以懂得这么多! 到了晚上,范易宸拿出一张红色的纸,放在我面前,说是让我帮他写一封信。原来,幼儿也爱中四班的教师们,于是他想了个办法,想用一封信去表达他的爱。信的内容很简单,没有华丽的辞藻,甚至语法都不通畅,但却表达了幼儿内心对教师的爱。当这封信送到教师们面前的时候,教师们流下了感动的泪。爱是可以传递的!

如今的范易宸已经是大四班的一员了,现在的范易宸已经成长为一个阳光、帅气、知书、懂礼的大男孩了! 爱的力量是无限的!

——"三三一"模式的保障与成效

心声二:爱满宸宜

中五班:杜珈毅妈妈

今年的一月份,我们搬家了,到了一个新的环境,随之幼儿的幼儿园也需要更换,转园对于已经熟悉了原有环境的幼儿和我来说都是一种挑战!

带着一份忐忑,带着一份期待,我们报名了宸宜幼儿园,很幸运,在短暂的等待之后,我们被录取了。办入学手续那一天,幼儿的班主任教师,年轻、漂亮、善良、热情,带着我楼上楼下的办各种手续。耐心地讲解园内的情况,听着她细致的介绍,紧张焦虑的心情,缓解了一半!

在因搬家停了三个月后,终于重新踏入校园,来到了一个全新的环境。自从入园的第一天起,这个幼儿园就让我们感受到了大大的温暖。每天早晨,从进幼儿园的大门开始,门卫爷爷带着慈祥的笑容迎接问早。进入大厅热情专业的晨检,礼仪教师、礼仪家长、礼仪小朋友,甚至是园长在大厅都会热情地向我们问早。这样的温暖一直延伸到教室门口,班级教师面带微笑的迎接每一个幼儿。就这样每天早晨都洋溢在幸福之中,我发现自己的心越来越能放下焦虑,用一个平和的心去感受这个全新的学校。欣赏楼道内教师们精心制作的楼道板报墙和各个特色区角,每一层每一处都不同,分为各种功能分区,阅读、毛线、小剧场、超市、医院、美容院、农家院等。

教师们充分利用每一处空间为幼儿们提供丰富多彩的发展课程。室内如此,室外也不逊色。操场上品种多样,井然有序摆放着户外用品,大型的区角、水、沙、植物区,让幼儿在户外切身感受到大自然的神奇!

为了让幼儿们有个良好的成长环境,幼儿园不仅注重校园对幼儿的影响,还面向家庭展开了家园共育工作,邀请各方面的专家免费给家长们提供高质量的家长课堂,为了给幼儿们开阔视野,锻炼能力,学校又耗费大量的时间和精力举办大型户外演出,给幼儿和家长一个锻炼的机会。

提起演出,内心至今激动!第一次抱着试试看的态度尝试和新认识的家长合作。自排练的第一天,几位来自不同班的家长,就能很融洽的互相照应,分配角色,各尽所能。为了幼儿们,家长甘愿把自己装扮成小动物,在地上爬、学动物叫。每天忍着饥饿进行排练,披星戴月的一起回家。这样的排练持续了十几天。终于等到上台那一天,家长们穿好自己的小动物演出服,开心激动的彼此拥抱,拍照。演出成功结束,我们成了无话不谈的好朋友,期盼下一次的合作。机会说来就来,幼儿园开展夕阳红爱老敬老活动,我们再次相聚,排练《南泥湾》。没有服装,大家一起商量找对策彼此帮助,演出当天服装出奇的整齐,歌也唱得洪亮,就这样又一次成功的合作诞生了!这就是宸宜幼儿园高素质责任心超强的家长们。她们会帮我把幼儿拿错的枕头主动缝补好,她们会热情地帮你解答那些不明白的问题,她们更会在我忙碌赶不上接幼儿的时间帮忙照看幼儿。和这样的家长们在一起,让每天接送幼儿成了一件开心的事情。

随着对幼儿园的逐渐熟悉,更愿意参与到幼儿园的互动中来,很荣幸在前些日子参加了幼儿园领导组织的家园共育会议。让我印象最深刻的是幼儿园针对每周一的升国旗展开了国旗课程。根据教师们的细心观察,为了幼儿们能热爱祖国,热爱国旗,更加理解尊重升国旗的仪式,教师们特别制定了国旗礼仪活动。让幼儿了解升国旗的意义,并通过国旗下讲故事,家长代表参与升国旗等环节,加深幼儿们的仪式感,增强幼儿的爱国意识。当园长谈到这个活动的时候,热泪盈眶,我们内心那份爱国之情也被点燃。随后教师们又积极地向家长做意见咨询反馈工作等等,通过这次活动更能体会到教师们工作的努力和她们那颗全心全意爱幼儿的心,把幼儿放在这样的幼儿园,我们放心!

心声三:感恩小五班

小五班:石梦竹妈妈

从9月到12月,我们共同经历了夏日的骄阳,秋风习习扫过落叶,和冬天的第一场雪……

这100天,我们的幼儿经历了人生中第一次蜕变!

还记得吗?三个月前,那些哭得撕心裂肺,喊着不要上学的幼儿们,

现在都哼着"太阳出来咪咪笑"争着第一个来到幼儿园,放学了还不愿意

图 8-10　感恩小五班

离开。

还记得吗？三个月前，那些懵懂无知的幼儿们，

现在会唱很多首儿歌，会背三字经，甚至可以给我们讲故事，教我们做游戏。

还记得吗？三个月前，那些衣来伸手，饭来张口的幼儿们，

现在自己的事情自己做，自己穿衣服叠衣服，自己吃饭还把吃完的碗筷放到碗柜里。

还记得吗？三个月前，那些自我中心，无暇他人的幼儿们，

现在懂得了礼让，学会了合作与分享，而且有了人生中的第一个，第二个好朋友。

宸宜小五班，幼儿们第一次的集体经历，很显然，他们的第一次很幸运！

回顾短短三个月的幼儿园生活，感受幼儿们一点一滴的变化，

我们高兴，我们感激，我们难忘……

忘不了幼儿们初进幼儿园时面对陌生环境彷徨不安，

教师们像妈妈一样温柔拥抱，喂他们吃饭，哄他们睡觉，给他们讲故事。

千言万语汇成一句话：谢谢您！教师！

心声四：幼儿园，说爱你可不容易

冀廷佑妈妈

图 8-11　幼儿园，说爱你可不容易

我走进宸宜幼儿园印象最深的是园长说，我们幼儿园是新幼儿园，教师是新招聘的，有些是专业的，有些不是，但最重要的是，教师要有爱心。我觉得选幼儿园，硬件是一方面，教师的爱心才是最重要的。我们很难想象一个教师，仅仅为了工资，能够有耐心地教三十个哭哭闹闹的小朋友怎样吃饭、上厕所、按时喝水、睡觉……

第一次与宸宜幼儿园的接触，让我感觉，这家幼儿园的理念我是认可的。接到通知很意外。私立幼儿园，举办亲子活动，要么为了收费，要么为了吸引生源。从上述两种角度看，都没有必要举办亲子活动，我身边朋友，也没有入园前参加幼儿园亲子活动，所以接到亲子活动通知，很意外，也特别开心。亲子活动，走进幼儿园，被这整齐、温馨的环境打动，不仅教室的基本生活设施齐备，丝毫不输给收费很高的私立幼儿园；教室走廊窗台上的种子、院里的蔬菜、废旧材料做成的装饰，更让我觉得这是一个用心灌溉的幼儿园。公立幼儿园的教师，很和蔼可亲。我给幼儿报过早教班，收费不菲，教师态度好，情理之中。但是我们宸宜幼儿园的教师，对小朋友师很耐心，对待一些上课坐不住的小朋友，也有专业的引导办法。在活动中，不时看到园长亲自指导亲子活动，教师们这么负责，这让我颇感意外。

感触：幼儿园设施很好、教师也很用心，亲子班幼儿玩得那么开心，还问下次什么时候上幼儿园，可是上幼儿园还是个问题。幼儿表现出强烈的分离焦虑，我很感谢我的妈妈，承受了幼儿第一次离别。家人曾不止一次犹豫，要不先别去了。我很感谢，在这个过程中，园长和教师给幼儿和我的帮助：教师说幼儿分离焦虑很厉害，让我给幼儿带一张照片和微信录音。我没想到，幼儿在哭得梨花带雨时,看到照片,听到我的声音,对幼小的心灵真的产生了慰藉。为了让幼儿安心睡觉,教师拉着幼儿的手,讲幼儿平常爱听的恐龙故事,幼儿在入园第三天终于甜甜地睡着了。为了让幼儿尽早适应幼儿园的饮食,园长、教师亲自上阵,回家后,幼儿也终于能拿着小勺自己按时吃饭了。

感动:伴随幼儿入园,眼见幼儿一天天成长,幼儿园,真的不是我之前想象的那样可怕,我们也能做到理性看待。可喜的是,在上幼儿园的过程中,幼儿的独立自主的意识不断增强,他明确拒绝大人帮忙提裤子,要自己做;趴在我耳边,告诉我:妈妈,我的梦想,是长大个儿,自己去旅行;短短的十几天入园,简直是蜕变。让我们吃惊的是——幼儿在幼儿园,上厕所后能自己提裤子,自己洗手、找到自己毛巾,擦手,放回毛巾。一切对幼儿来说那么自然,却"看傻"了我们家长。通过这几个月与幼儿园的接触,作为家长的也深深感受到教师的专业与爱心。

第九章 打造新常态下家园共育新环境
——“良性循环教育生态”

第一节 构建“三三一”教育生态系统模型

一、“三三一”良性循环教育生态模型的构造

我们将亲师幼置于稳定的三角形结构的生态循环系统之下,幼儿、家长和教师分别处于三角形结构的三个顶点,其中家长和教师位于三角形底边的两端,共同托起位于三角形的最高点的幼儿,亲师幼三主体之间处于一种动态的正能量循环系统中,互相支持、互相促进,共同成长。在这个稳定的三角形教育生态系统内部,包含着一个个小的亲师幼循环系统,共同构成园所的大教育生态系统。在模型中有三个“大三角”和向上的“箭头”代表着整个亲师幼教育生态系统不断上升、不断成长、不断进步的趋势。综上而言,在“三三一”教育生态系统中,亲师幼每个个体都是教育生态系统中的重要分子,三主体之间能量不断涌动,共同簇拥整个园所教育生态系统的良性循环和不断向上发展。

二、“三三一”良性循环教育生态的打造

(一)建立起有爱、有温度的教育场

幼儿教育需要有温度、有情怀,三主体之间需要有爱的互动,建立起有爱、有温度的教育场,才能让“三三一”教育生态系统良性运营,故进行了如下

实践：

首先，园所定期开展师风师德的培训、评选"宸宜之星"等表彰活动来加强师风师德建设，让教师用高尚的师德风范赢得幼儿的喜爱、家长的尊重与认可；其次，开展富有园所特色的"爱满宸宜"活动、毕业生"省亲"活动等，让家长、教师、幼儿相互表达彼此之间的感动、感恩与爱，让亲师幼之间的"爱"延续到毕业之后；再次，开展丰富多样的亲子活动，增强亲师幼之间的互动沟通与了解，促进亲师幼之间的积极情感的建立。

（二）"三三一"理念化为亲师幼的教育信念

"三三一"理念是在家园共育实践过程中生成的，这是亲师幼共同努力获得的成果，它既蕴含在园所文化之中，也隐含在亲师幼个体的理念认知、外显行为之中，需要共同体持久地保持下去，成为亲师幼的教育信条，才能使"三三一"模式下的教育生态系统处于稳定的、上升的良性循环之中，为此进行了如下实践：一方面，园所大力宣传"三三一"理念，把"三三一"理念通过家长学校、开放日、微信报道、大屏展播、园所环境等各种宣传渠道进行宣传，让亲师幼对"三三一"理念耳濡目染，感受生活在该模式下的教育生态系统中的快乐与发展；另一方面，积极运用"三三一"模式去解决亲师幼在共研、共育、共成长中遇到的问题，让"三三一"模式真正发挥其效用，令家园关系更和谐、师幼关系更亲密、亲子情感更浓厚、家庭生活更幸福。

第二节 "三三一"良性循环教育生态的发展愿景

一、构建"三三一"教育生态体系

建立起人性化的教育生态，蕴含着园所文化的教育场体系架构渐趋完善、初显成效。家园教育场精神内核方向聚拢，各个主体潜移默化中接受熏陶，家园关系和谐、师幼关系亲密、亲子情感浓厚，亲师幼的外显行为(物质文化、制度文化、行为文化)日趋文明得体形成良性循环。师亲在教育场文化的

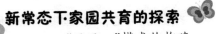
影响下教育观念扭转、教育能力提升,价值观念逐渐改变,幼儿健康发展,家园都呈现一种积极、健康、和谐的状态。

二、价值与推广

开发出稳定、可借鉴的研学共同体内容、模式、解决策略,通过建立不同组织架构、基于不同问题而形成的一个个的研学共同体,在研学共同体中解决问题,家长、教师、幼儿三者进行碰撞、沟通和协调,达成和谐的教育生态。将研学共同体解决的问题项目进行归类整理,并将研究成果得到广泛的推广和应用。

教师、家长的专业指导水平逐步提高,互学、互研、互助、互促成为常态。培养出了一支年轻的、有教育情怀、有智慧真爱、有奋进精神的教师队伍,提升了园所的教育品质,赢得幼儿的爱戴、家长的满意、社会的认可。

三、教育质量的提升

"三共理念"逐步成为园所独特的教育信念,贯穿于园所的各项工作中,自然浸润于教师、家长、幼儿的成长环境中,最终在幼儿身上落地、生根、发芽、结果。让宸宜幼儿园有了自己的灵魂,亲、师、幼互为主体,为家园共育贡献教育智慧。"特色成果"引领新教师重视家园共育、优化活动资源、促进专业成长;引导家长关注幼儿全面发展,重视家庭和谐与文化建设;培育幼儿健康的人格、体魄,让幼儿用自己的学习方式不断丰盈建构知识体系,实现全面素质提升。

四、未来的建设

"三三一"教育生态的构建和实践探索,对新建园所教师的专业成长、提升家长的育儿水平、家园合作的畅通和谐、幼儿园保教质量的提升都有非常重要的指导意义,并在实际的教育教学活动中,运用行动研究法不断地改进和调整"三三一"教育生态,所构建的"三三一"教育生态具有可借鉴性、可复制推广性。